personne ne m'a demandé mon avis

Castor Poche
Collection animée par
François Faucher, Martine Lang et Soazig Le Bail

Titre original :

...UND KEINER HAT MICH GEFRAGT !

Une production de l'Atelier du Père Castor

ISOLDE HEYNE

personne ne m'a demandé mon avis

traduit de l'allemand par
FRANÇOIS MATHIEU

illustrations de
ODILE HERREN

Castor Poche Flammarion

Isolde Heyne, l'auteur, est née en 1931 à Aussig en Tchécoslovaquie. A la suite des déplacements de population d'origine allemande qui eurent lieu en Europe centrale à la fin de la Deuxième Guerre mondiale, sa famille s'installe en Saxe, une partie de la future R.D.A.

De 1961 à 1964, elle étudie la littérature à l'université de Leipzig. Elle travaille ensuite comme écrivain et journaliste. Elle vit en R.F.A. depuis 1979. Elle a écrit plusieurs livres pour enfants et adolescents.

Son roman, *Personne ne m'a demandé mon avis,* publié en 1981, lui a été inspiré par des faits réels. Il a été primé par la deuxième chaîne de télévision de la R.F.A.

Du même auteur, dans la collection Castor Poche :

Rendez-vous sous l'horloge N° 261
La croisade des enfants N° 487

François Mathieu, le traducteur, partage son temps d'enseignant, de traducteur et de critique littéraire entre Malakoff, dans la région parisienne, et Verfeil-sur-Seye, dans le Tarn-et-Garonne, un village entouré de bois, de prés et de ruisseaux. Il vit avec sa femme Régine, qui est également traductrice, et leurs cinq enfants.

Ancien journaliste, il connaît bien les deux États allemands, et a vécu plusieurs années en R.D.A.

Son domaine de traduction est vaste, mais il a un faible pour la littérature d'enfance et de jeunesse.

Odile Herren, l'illustratrice :

« A l'école, au lieu d'écouter, je rêvais en dessinant des enfants et des paysages du bout du monde. Mes études à l'École des arts appliqués terminées, j'ai appris le dessin animé et le cinéma.

« Et puis, j'ai voyagé à travers la France et aussi à l'étranger : un séjour de près d'un an au Moyen-Orient, de nombreuses années au Mexique où j'ai eu l'occasion de faire des reportages photo, des films ethnographiques et aussi des dessins animés. C'est là-bas, que j'ai découvert l'illustration d'ouvrages destinés aux enfants alors que mon fils Santiago avait quatre ans et que j'attendais ma fille Lucia.

« Depuis mon retour en France, fin 1984, je partage mon temps entre les illustrations destinées aux enfants et mes trois enfants (souvent installés devant une table à dessin) sans rêver d'autres voyages que ceux où m'emmènent mes crayons. »

Personne ne m'a demandé mon avis :

Inka vit dans un foyer pour enfants en R.D.A. A l'occasion de son dixième anniversaire, elle exprime deux souhaits : avoir des parents adoptifs et être admise à l'école de sport pour devenir une grande nageuse.

Un jour, dans la rue, une femme l'aborde à la dérobée, et lui annonce que sa mère, qu'elle croyait morte, vit en R.F.A. et cherche à reprendre sa fille. Loin de la réjouir, cette révélation inquiète Inka. Elle comprend que ses beaux projets n'ont pas beaucoup de chances d'aboutir. Et elle n'a pas très envie de quitter ses amis pour rejoindre une mère qu'elle ne connaît pas.

Inka espère tout d'abord qu'il s'agit d'une confusion, mais doit admettre la réalité. De toute façon, personne ne lui demande son avis...

1. Les deux souhaits

Jamais Inka n'oublierait la déception qu'elle avait éprouvée à son dixième anniversaire. Et dire qu'elle avait fondé de si grandes espérances sur cette journée-là : un dixième anniversaire, c'est, qu'on le veuille ou non, un événement exceptionnel !

Sur la liste de cadeaux, elle s'était contentée de deux souhaits : des parents adoptifs et l'école de sport. Evidemment, Inka aurait vivement aimé avoir d'autres choses : des livres, par exemple, ou même une paire de patins à roulettes. Mais elle y avait complètement renoncé, afin que ses deux souhaits se réalisent.

Cela dit, elle aurait été vraiment incapable de préciser ce qu'elle désirait le plus. Plusieurs fois, elle avait déchiré la feuille qu'elle avait dû déposer, une semaine avant le jour J, chez la directrice du foyer. Elle n'arrivait pas à se décider sur ce qu'il fallait mettre en premier : l'école de sport ou les parents adoptifs? Elle avait fini par les écrire sur la même ligne, avec un « et » entre les deux. Mais, comme il lui avait semblé que cette façon de faire manquait vraiment de modestie, elle avait ajouté : « Je m'engage à renoncer à tout cadeau pendant deux ans. » Puis elle avait signé de son nom complet : Ina Karsten. Elle savait que Mme Nogler, la directrice, ne supportait pas les diminutifs. Il n'était donc pas question de signer : Inka.

Pourtant, tout au long des jours, elle s'était demandé si elle n'avait pas exprimé de trop grandes exigences. Chaque fois qu'elle voyait Mme Nogler, elle scrutait son regard. Elle aurait donné n'importe quoi pour un petit signe de tête approbateur, mais il ne s'était rien passé.

Tutty, l'amie d'Inka, pensait, elle aussi, que cette histoire ne pouvait pas marcher.

– Qu'est-ce que tu racontes? Si tu veux y arriver, il faut que tu fasses quelque chose. Ça sert à rien de dire ce que tu veux. Avec un 3 en maths, tu seras jamais admise à l'école de sport. C'est certain.

Inka lui avait imposé silence :

– Regarde mes temps à l'entraînement! Je me suis encore améliorée. Il faut qu'ils me prennent!

Elle en avait les larmes aux yeux et elle se tourna pour les essuyer furtivement.

Inka craignit que Tutty ne se moquât d'elle, une fois de plus, parce qu'elle s'était mis dans la tête de nager aussi bien que Cornelia Enders. Mais Tutty changea de sujet.

– De toute façon, avec nous, les jeunes du foyer, ils peuvent pas faire de réclame. Dans ton école de sport, ce qu'ils veulent, c'est des fils et des filles d'ouvriers. Il faut que t'aies, au minimum, un père qui soit activiste ou un truc comme ça.

– Et quand on a des parents adoptifs dont l'un a été décoré?

– Oui, allez! Va trouver quelqu'un comme ça! Ceux-là, ils défendent leurs décorations et font tout ce qu'ils peuvent pour conserver à leur équipe le titre de brigade socialiste. T'as bien vu l'entreprise qui nous parraine. Tu te figures que ces femmes ont encore le temps de prendre chez elles un enfant du foyer?

Inka ne pouvait que lui donner raison : les femmes de la brigade de l'entreprise d'Etat Perfecta, qui les parrainait, étaient toute la journée à la chaîne. Elles cousaient des vêtements. Le soir, quand le boulot était fini, sûrement qu'elles tombaient de fatigue. D'autant qu'elles devaient encore faire les courses et assister aux réunions.

Tutty s'était franchement mise en colère. Elle ne comprenait pas l'envie d'Inka d'avoir un vrai chez-soi. Elle, elle préférait être au foyer. En outre, elle ne voulait absolument pas qu'Inka s'en aille, sinon elle n'aurait plus d'amie avec qui parler de tout et de rien. Inka se tut. Il était inutile de parler de choses que les autres n'avaient pas besoin de savoir.

– Si quelqu'un te prend, tu pourras t'estimer heureuse. Ça sert à rien d'avoir des exigences. A moins que tu n'oses demander aux gens qui s'intéres-

sent à toi : « Vous êtes peut-être activiste ou héros du travail? »

Oui, en disant cela, Tutty avait raison. Ce n'était vraiment pas possible. Quand la directrice du foyer appelait un enfant pour dire aux gens : « Il pourrait être à vous », il fallait se comporter correctement, sinon les gens risquaient de s'en aller immédiatement et c'en était fini de l'invitation pour le dimanche. Inka avait déjà été invitée trois fois chez des gens. Des gens qui estimaient sûrement qu'ils devaient la bourrer de sucreries et qu'elle allait rouspéter après le foyer. Souvent Inka refusait les bonbons. A cause du sport. Et pourquoi rouspéter après le foyer? Elle ignorait si c'était mieux dans une famille. C'est la raison pour laquelle il fallait essayer. D'abord à cause de la chambre qu'elle aurait rien que pour elle. Il lui arrivait parfois de souhaiter ardemment être toute seule et pouvoir faire ce qu'elle voulait.

Elles habitaient à quatre dans une chambre qu'elles avaient appelée le « Trou des souris ». En face, il y avait la « Chambre des chattes » et, au même étage, le « Nid des hirondelles », la

« Maison des abeilles » et le « Nid des cigognes ». Les garçons, de leur côté, n'avaient pas retenu les noms inventés par les filles. Par moquerie, elles parlaient de l'« Etable des chèvres », de la « Cage des perroquets » et de la « Boîte à puces », alors qu'eux avaient choisi des noms pompeux, tels que l'« Aire des aigles » ou la « Caverne des ours ».

Le Trou des souris était très conforta-

ble. Les deux lits à étage ne prenaient pas trop de place, si bien que l'on pouvait mettre la grande table ronde au milieu de la pièce. Le lit d'Inka était près de la fenêtre. Elle voyait, sans lever la tête, le sommet du grand marronnier. En ce mois de mai, il avait mis ses grosses bougies blanches. En automne, Inka comptait les bogues vertes qui tombaient dans l'herbe, avant d'éclater.

Tutty dormait au-dessous d'elle. Mais elle s'asseyait souvent en haut avec Inka et elles discutaient toutes deux, en laissant pendre leurs jambes.

– Faut faire quèqu'chose, sinon ça marchera jamais!

Tutty avait parlé dans le plus pur dialecte berlinois. Inka n'avait pas saisi immédiatement ce qu'elle avait voulu dire. Puis soudain, elle comprit :

– Tu penses qu'il faut se chercher des parents?

– Bien sûr! si tu veux ficher le camp d'ici...

Elle n'arrivait jamais à être d'accord avec Tutty sur ce sujet. Mais le cas de Tutty était complètement différent du sien : Tutty avait des parents. Elle avait même parfois la permission d'aller à Berlin leur rendre visite. C'est vrai qu'elle ne pouvait pas en être fière, mais ça, c'était une tout autre histoire.

– Regarde bien les gens chez qui tu vas. Sinon, vaut mieux que tu restes au foyer. Tu sais au moins ce que t'as.

Le discours de Tutty était clair : pour elle, cette fois encore, le problème était résolu. Mais Inka, à cause de la liste de cadeaux d'anniversaire, conservait tous ses espoirs. La simple réalité ne lui suffisait pas.

Evidemment, elle voulait des parents qui soient mieux que ceux de Tutty. Il ne faudrait pas qu'ils boivent ni qu'ils passent leur temps en prison, autrement ses projets concernant l'école de sport tomberaient à l'eau. Mais on ne confie pas des enfants à adopter à ce genre de personnes. C'était d'ailleurs la raison pour laquelle Tutty et son frère Alex avaient été placés dans ce foyer. Seul Jörg, le grand frère, avait été épargné. Il avait même loué une chambre; il avait dix-huit ans et pouvait habiter ailleurs que chez ses parents. Tutty était particulièrement fière de Jörg. Elle avait souvent des élans d'enthousiasme :

– Quand j'aurai dix-huit ans, je prendrai une chambre meublée à moi. Personne ne viendra plus me chanter ce que j'ai à faire et tout le bazar. Et puis j'irai aux cours de comédie. Ça, tu peux me croire !

– Mais alors il faudra que tu commences par apprendre à bien parler, disait Inka, en la taquinant.

De son point de vue, Tutty avait raison. Mais pour Inka, le problème était tout à fait différent. N'importe quel chez-soi lui aurait convenu, à la condition que ce soit le sien. Elle, elle n'avait personne. Pas même une grand-mère ou une tante. Ni frère ni sœur.

Mme Nogler lui avait dit d'arrêter de poser des questions à ce sujet. Quand elle serait suffisamment grande, elle apprendrait tout ce qui s'était passé. Mais quand serait-elle suffisamment grande ?

Mme Nogler affirmait que ses parents étaient morts. Disparus dans un accident. En dehors d'eux, il n'y avait personne qui pût s'occuper d'elle.

– Le foyer, c'est ton chez-toi, Ina.

Il n'était pas possible d'obtenir plus de renseignements.

Inka était absolument incapable de se souvenir de ses parents. Elle n'avait aucune photo. Juste un petit ours en peluche, mal peigné. Elle s'imaginait parfois que sa mère le lui avait acheté quand elle était encore toute petite. Mais quels que fussent ses efforts, elle n'arrivait pas à construire une image de sa mère ou de son père.

Inka rêvait souvent les yeux grands ouverts. A l'école, les maîtres n'aimaient pas cela, parce qu'alors elle ne faisait pas attention aux leçons. En revanche, pour Inka, c'étaient les meilleurs moments, car ses désirs devenaient réalité. Qu'importe si elle était punie ou si son nom était inscrit dans le cahier-journal de la classe ! Mme Nogler en outre ne la grondait pas. La plupart du temps, elle se contentait de l'exhorter :

– Garde les pieds sur terre, Ina. Arrête de bâtir des châteaux en Espagne.

Tutty abandonna le lit supérieur et regagna le sien. Elle s'était rendu compte qu'Inka ne lui répondait plus.

Elles avaient déjà tellement discuté de tout cela. Qu'auraient-elles pu ajouter?

Inka descendit de son perchoir et sortit ses affaires de natation de l'armoire. Trois fois par semaine, elle se rendait à la piscine. C'était bien. Pourtant, elle aurait préféré pouvoir s'entraîner au stade, dans le grand bassin chauffé, ou à la piscine de l'Ecole supérieure d'éducation physique. Pour cela, il aurait fallu qu'elle fasse partie des jeunes espoirs qui préparaient les championnats internationaux. C'était grâce aux Spartakiades pour l'enfance et la jeunesse qu'Inka s'était mise à faire du sport. Depuis lors, elle avait de l'ambition. Elle nageait la brasse et se perfectionnait avec passion, améliorant constamment ses temps. Elle considérait comme *sa* chance d'être admise à l'école de sport. Une fois là, le monde s'ouvrirait devant elle.

C'est du moins ce qu'elle croyait lorsqu'elle lisait dans le quotidien régional que, presque tous les week-ends, les nageurs étaient en route : c'était autre chose que l'ennui des samedis et des dimanches passés au foyer. Inka avait déjà participé à plusieurs championnats. Elle était allée à Rostock et à Dresde. Elle était capable d'en parler avec enthousiasme des journées entières.

Inka parcourait souvent en pensée le chemin du stade, avec son bassin de natation, ses gradins, son plongeoir et tout le reste. Elle se voyait glisser sur l'eau, remonter son couloir, faire demi-tour et nager vers l'arrivée..., touché! Ça y est! Tous les autres étaient encore derrière elle!

Cependant, la réalité était un peu différente. Dans la piscine, l'agitation était telle que l'on ne s'entendait pas soi-même, bien qu'elle ne fût ouverte à cette heure-là que pour les groupes à l'entraînement. Inka aimait, malgré tout, ces moments-là. Déjà, sous la douche, elle prenait un réel plaisir à laisser l'eau chaude et l'eau froide couler sur son corps. L'odeur de l'eau chlorée, qui venait du bassin, lui chatouillait le nez et tandis que les gouttes ruisselaient et lui picotaient le dos et le visage, elle se promettait de rassembler toute son énergie et de réussir un temps particulièrement bon. En tout cas, elle devait commencer par améliorer son style. Personne n'aimait vraiment cela, mais il le fallait. On faisait donc des longueurs. Cet après-midi-là, Inka ne parvenait pas à se concentrer. La régularité des mouvements l'incitait à penser à autre chose. Elles étaient six filles, mais Johanna, leur entraîneur, ne disposait pour son groupe que de deux couloirs. Elles étaient donc obligées de se relayer.

Lorsque Inka s'assit près de Johanna, sur le banc au bord du bassin, elle prit son courage à deux mains et lui demanda :

– Est-ce que tu as parlé à Mme Nogler? Au sujet de l'école de sport?

Elles avaient la permission de la tutoyer, bien que Johanna eût déjà vingt ans et qu'elle étudiât à l'Ecole supérieure d'éducation physique de Leipzig. Johanna voulait devenir professeur d'éducation physique ou se spécialiser dans la recherche sportive. C'est la raison pour laquelle elle entraînait un groupe, y compris pendant ses loisirs. Elle était très stricte et ne laissait rien passer.

Johanna jouait avec son chronomètre. Elle répondit à Inka sans la regarder :
– Ça ne dépend pas de Mme Nogler.
– De qui, alors? interrogea Inka, le visage rouge de colère. Qui est-ce qui doit donner son autorisation? Ce ne peut être que le foyer!

Johanna se leva et dispensa quelques conseils aux deux filles qui étaient dans l'eau. Puis elle revint et dit :
– J'ai déjà parlé avec Mme Nogler. Elle va s'en occuper. Mais je ne peux pas te dire si ça aboutira. En tout cas, il faut que tu continues à bien t'entraîner.

Inka sentit sa gorge se serrer. Elle se rendait compte que Johanna évitait de s'expliquer. Et cela, trois jours avant son dixième anniversaire
– S'il te plaît, téléphone-lui encore une fois et rappelle-lui qu'il faut qu'elle fasse la demande, supplia Inka.

Johanna hocha gentiment la tête. Inka était persuadée qu'elle le ferait. Puis Johanna envoya Inka sur la ligne de départ.

L'autre groupe avait libéré les couloirs, si bien qu'à présent les six filles pouvaient être chronométrées. Inka rassembla toute son énergie. Elle eut l'impression, après le coup de sifflet du départ, de filer comme une flèche. Elle respirait comme on le lui avait appris, coupait l'eau avec force et, lors du demi-tour, repoussa vigoureusement le bord. Tout marchait pour le mieux. Elle fut la première à toucher le but. Son cœur se mit à battre très fort. En remontant l'échelle, puis en courant sur le pavé glissant pour rejoindre Johanna, elle eut l'impression que ses jambes allaient se dérober sous elle.

– Alors ? questionna-t-elle en essayant de lire dans le regard de son aînée.

– C'est mieux, dit Johanna. Beaucoup mieux que d'habitude. Si tu continues comme ça...

– Qu'est-ce qui se passera ? insista Inka.

– Tu y arriveras, compléta Johanna.

Mais Inka s'était rendu compte que Johanna avait commencé une autre phrase. Il y avait quelque chose qu'elle n'avait pas le droit de savoir. Tout le monde, d'une façon ou d'une autre, évitait de lui donner des explications claires !

Soudain, une idée lui traversa l'esprit : c'était évident ! Ils ne peuvent pas m'en parler puisqu'il s'agit d'une surprise pour mon anniversaire ! J'aurais dû y penser plus tôt ! Son visage s'épanouit. Elle courut gaiement jusqu'au plongeoir de un mètre, pour tenter une nouvelle fois un salto que, comme d'habitude, elle rata. Cette fois, pourtant elle s'en moqua.

2. Un journal intime pour Inka

Jusqu'à son anniversaire, Inka n'arrêta pas de se poser la question : que souhaitait-elle le plus, l'école de sport ou des parents adoptifs? Elle réussissait à imaginer ce que pouvait être l'école de sport. L'internat était sûrement semblable à celui du foyer, à la différence que l'enseignement était davantage orienté vers le sport et que l'entraînement supprimait une plus grande partie des temps libres. Mais cela n'était pas pour lui déplaire, puisque justement l'endroit qu'elle préférait, c'était la piscine.

En ce qui concernait une vraie famille, elle n'avait pas les idées claires. Elle dévorait tous les livres qui parlaient d'enfants vivant dans une famille. Or, la plupart du temps, il y avait dans ces familles des choses qui n'allaient pas. Tantôt pas de père, tantôt pas de mère. Ou alors tout le monde se bagarrait. Non, autant renoncer tout de suite à ce genre de famille.

Elle ne savait pas non plus si elle voulait, dans cette famille, une sœur ou un frère. Peut-être même que c'était impossible. Quels parents voudraient adopter un enfant alors qu'ils avaient déjà les leurs ?

Inka n'arrêtait pas de réfléchir. Le soir, elle demeurait longtemps sans pouvoir s'endormir. Elle songeait à son prochain anniversaire.

Dans le lit au-dessous d'elle, Tutty ronflait doucement. Les deux autres filles dormaient aussi depuis longtemps. Mais Inka aimait rester ainsi, quand personne ne pouvait la déranger dans ses pensées. Souvent, Tutty ne saisissait pas le fond de ses désirs et de ses projets.

Encore que, en ce qui concernait

l'école de sport, Tutty comprenait qu'Inka voulût y entrer, même si elle lui reprochait de se laisser dévorer par l'ambition. Mais des parents adoptifs? « Ah! non merci beaucoup! » répondait-elle invariablement.

Inka repoussa prudemment le double rideau sur le côté de la fenêtre. Elle pouvait ainsi, couchée sur le ventre, regarder dehors. Les fleurs blanches du marronnier scintillaient dans la lumière de la lune. C'était comme si l'arbre avait déjà installé les bougies de son anniversaire. Inka contempla longtemps la clarté de la lune, jusqu'à ce que les larmes lui montent aux yeux. Puis elle s'endormit, et au matin elle se souvint d'avoir fait un rêve : *son* rêve.

Un rêve si fréquent qu'elle en était presque arrivée à le prendre pour la réalité. Une femme aux longs cheveux bruns l'assoit, elle, Inka, alors qu'elle est encore toute petite, sur une balançoire suspendue à une grosse branche du marronnier. Chaque fois qu'elle est en haut, ses pieds frôlent les feuilles et, chaque fois qu'elle redescend, la femme

rit et la repousse légèrement, si bien qu'elle se retrouve dans le feuillage, sans faire d'efforts. Inka aimerait bien aussi toucher une fois les cheveux bruns de la femme, parce qu'ils brillent si joliment dans le soleil, mais la balançoire continue inlassablement sa course et ne lui laisse jamais de répit. En haut, en bas, en haut, en bas. Sans cesse.

Pourtant, c'était un songe qu'elle aimait. Quand elle se réveillait le matin, elle n'ouvrait pas tout de suite les yeux. Elle essayait de tisser encore la trame de son rêve. Elle avait envie de crier à la dame : « Prends-moi donc ! » Mais souvent les autres étaient déjà debout et l'empêchaient de penser.

Le matin de son anniversaire, ses camarades se levèrent sans faire de bruit. Elles prirent leurs vêtements et disparurent dans la salle d'eau, en évitant de claquer la porte comme elles le faisaient d'habitude. Inka savait que sa place à table serait décorée d'une branche de fleur et que l'on aurait disposé les cadeaux sur une table à part. Elle l'avait fait de nombreuses fois pour les autres. Inka savait même ce qui se dirait. Elle pensa que Tutty prendrait la parole et elle était un petit peu curieuse au sujet de ses cadeaux, car cela restait toujours un mystère, même si les filles s'entendaient très bien ensemble.

A l'idée des cadeaux, sa gorge se serra. Elle se remit à avoir peur que ses deux grands souhaits ne se réalisent pas. Elle se dépêcha de descendre de son lit et courut jusqu'à la salle d'eau, où régnait une intense activité. Le joli rêve de la balançoire s'était estompé. Une fois encore, elle n'avait pas réussi à le mener jusqu'au bout.

En se lavant, elle n'y pensa plus du tout. Elle enfila rapidement ses vêtements. Cette fois, elle ne se prêta pas aux plaisanteries qui se répétaient chaque matin, tandis qu'elles faisaient leur toilette. Plus le moment approchait où elle pourrait regarder sa table d'anniversaire, plus l'angoisse lui serrait la gorge. Il n'y avait peut-être sur la table qu'une feuille de papier sur laquelle était écrit à la machine : *Ina Karsten, élève de 4e B, est* admise *à l'école de sport.*

Elle repassa lentement, soigneusement, ce mot dans sa tête. C'était pour elle un mot nouveau, un mot inhabituel, un mot qu'elle avait entendu pour la première fois quand Johanna l'avait prononcé quelques jours plus tôt. On n'y pouvait rien changer. Johanna lui avait expliqué qu'il était utile d'avoir à l'endroit où les décisions sont prises quelqu'un qui vous apprécie.

« J'espère, se dit Inka, qu'il y a au

district* beaucoup de gens qui ont levé la main en ma faveur, lorsqu'il a été question de mon admission à l'école de sport. » Quand elle y songeait, le mot « district » lui faisait peur, car souvent les décisions prises en ce lieu n'apportaient que des ennuis. Mme Nogler craignait aussi cette administration, du moins parfois.

Mais peut-être que des gens étaient venus, avec simplement l'envie de l'emmener? Des parents adoptifs, ou au moins des parents nourriciers, qui voulaient la prendre à l'essai.

Cela s'était déjà produit. Avec un garçon. Des gens l'avaient retiré du foyer juste le jour de son anniversaire.

Et que se passerait-il, à supposer que Mme Nogler lui dise : « Tu n'iras pas à l'école de sport et tu n'auras pas non plus de parents adoptifs »?

Quand Inka retourna au Trou des

* La RDA est partagée en circonscriptions administratives. Il y a quatorze districts, plus Berlin. Le terme « district » équivaut ici à celui de « préfecture ». C'est l'administration du district qui s'occupe de l'éducation et de l'enseignement, comme en France le rectorat.

souris, Tutty, Brit et Angelika étaient déjà revenues de la salle à manger. Elles préparaient leurs affaires de classe, tout en jouant les mystérieuses; elles ricanaient et se moquaient d'elle.

– Regarde-la, Tutty! Quelle figure d'enterrement! Elle s'est levée du pied gauche! dit Brit en la bousculant un peu.

Mais Inka ne réagit pas.

« Si elles savaient comme j'ai peur! » songea-t-elle. Inka était au bord des larmes. Elle se forçait à ne pas pleurer. Certes, cela faisait plus mal que si elle avait pu éclater en sanglots. Mais elle avait décidé que, à partir de son dixième anniversaire, elle ne pleurerait que lorsqu'elle ne pourrait pas faire autrement. Et en tout cas, pas devant les autres!

Elle avait prêté serment et imaginé de sévères punitions au cas où elle aurait failli. Elle se priverait par exemple de lecture pendant une semaine; elle serait volontaire pour faire le service de cuisine; elle ne resterait pas plus longtemps que nécessaire à la piscine.

Lorsqu'elle entra avec Tutty, Brit et Angelika dans la salle à manger, Inka jeta rapidement un regard vers la table d'anniversaire, bien qu'elle dût d'abord subir les félicitations de tout le monde. Son émotion fut grande de découvrir des patins à roulettes, des livres, un anorak et un maillot de bain, à côté des petits paquets qui contenaient les cadeaux personnels de ses amies. Près de la table, elle ne vit personne susceptible de l'emmener. Seule Mme Nogler était là, qui lui dit :

– Bon anniversaire, Ina Karsten! Et le 3 en maths, tu ne recommenceras pas l'année prochaine, n'est-ce pas?

Inka ravala courageusement ses larmes. Timidement, elle demanda :

– Et l'école de sport, et...

La directrice lui passa la main sur la tête. Un geste qui était sans doute une caresse.

– Nous en reparlerons, d'accord?

Inka rejoignit sa place, et le petit déjeuner commença comme d'habitude.

Pour tout autre anniversaire, les bougies posées devant elle, les fleurs et le morceau de gâteau sur son assiette lui auraient fait plaisir. Mais cette fois elle ne put que retenir ses larmes. Elle était trop déçue pour être heureuse.

Le petit déjeuner terminé, Inka ouvrit les minuscules paquets que les enfants du foyer lui avaient préparés. La coutume voulait qu'à Noël et pour les anniversaires l'on fasse des cadeaux à ceux que l'on aimait. Tout cela dans le plus grand secret. C'était un véritable concours : qui trouverait sur la table le plus grand nombre de présents? Inka dut ouvrir beaucoup de cadeaux, qui étaient autant de surprises. Elle était aimée des autres enfants, filles et garçons.

Mais Inka aurait préféré retourner dans le Trou des souris et se cacher sous sa couverture. Cependant, elle n'avait pas le droit de décevoir ceux qui, des semaines durant, avaient combiné leur surprise et attendaient de sa part qu'au moins elle les remerciât gentiment.

– Cet après-midi, il y aura de la glace. Pour tout le monde! promit Inka.

Depuis longtemps, elle avait fait des économies et, quelques jours auparavant, donné son argent de poche à Mme Nogler, afin que celle-ci achetât de la glace et qu'Inka pût régaler ses amis.

Elle avait gardé pour la fin un paquet d'une certaine importance. Il était temps, maintenant, de le déballer. C'était le cadeau de la brigade de l'entreprise Perfecta qui parrainait le foyer : un journal intime avec une vraie serrure et une clef. Inka fut tellement surprise que les larmes lui montèrent aux yeux. C'était un objet qui lui appartiendrait à elle toute seule.

Elle pensa : « La clef, je la porterai toujours sur moi. » Elle se sentit un peu plus heureuse à l'idée qu'elle allait pouvoir tout écrire dans son journal, sans que quelqu'un d'autre le lise. Même pas Mme Nogler.

On l'aida à porter ses cadeaux jusqu'au Trou des souris. Inka prit un morceau de laine, y passa la clef et la suspendit à son cou, quoiqu'elle n'eût encore écrit aucun mot dans son journal. Il fallait, dès le premier jour, que les choses soient en ordre.

– Tu pourras y écrire tes secrets, y parler de ton petit ami et de choses comme ça, lui dit Brit.

Tutty remarqua en riant :

– Non, un petit ami, c'est pas un truc pour elle, elle ne pense qu'au sport et à son idole, Conny Enders.

A vrai dire, Inka était fière de son cadeau, car elle se rendait compte que les autres le lui enviaient.

A peine arrivée à l'école, elle eut encore un bref instant de bonheur. Susanne Kirsten, qui était assise dans la rangée devant elle, lui offrit quatre crayons-feutres – un rouge, un bleu, un vert et un jaune – dans une trousse en plastique transparent. Inka n'en avait encore jamais eu. Ainsi, elle allait même pouvoir faire des dessins dans son journal et souligner de diverses couleurs les événements importants.

Néanmoins la journée se déroula comme d'habitude. Le soir, lorsque Inka se glissa dans son lit, elle tira la couverture sur sa tête et pleura longtemps. Que lui importait si, dès le premier jour, elle avait rompu son serment et serait donc obligée de se punir. Elle ne toucherait pas aux livres qu'elle avait eus pour son anniversaire, elle quitterait la piscine juste après l'entraînement et... « non, je ne ferai pas le service de cuisine! ». Pour le moment, elle aurait été incapable de supporter les bavardages de Mme Kaminsky, qui décidait de tout ce qui se passait à la cuisine. Mme Kaminsky vous faisait essuyer la vaisselle pendant toute une semaine si vous ne lui aviez pas dit bonjour avec suffisamment de gentillesse.

Quand Inka se fut assurée que ses compagnes dormaient, elle tira sa minuscule lampe de poche de sous son oreiller. C'était un cadeau de Tutty qui lui permettait, une fois les lumières éteintes, de lire en cachette. Puis elle sortit le journal, dissimulé sous le matelas, et en ouvrit la serrure. Elle caressa le papier blanc et lisse. Que de pages blanches, sur lesquelles elle passa et

repassa la main, tout en admirant la belle reliure en simili-cuir marron et la minuscule serrure.

Elle prit le stylo dont elle se servait à l'école et écrivit les premières lignes :

J'ai eu dix ans aujourd'hui. Je suis très triste. Il y a quelques instants encore, je pleurais, parce qu'à mon anniversaire je n'ai pas eu ce que je voulais. Je crois que je souhaite plus encore aller à l'école de sport qu'avoir des parents nourriciers. J'en suis vraiment sûre, maintenant. Je jure de devenir une très grande sportive. Comme Cornelia Enders. C'est certain. Il faudra qu'ils m'acceptent. J'en fais le serment.

Inka souligna la dernière phrase d'un gros trait de feutre rouge. Ce n'était pas particulièrement beau. Mais, après tout, l'important, c'était ce qu'elle avait écrit et non la manière de l'écrire. M. Kallmus ne viendrait pas y mettre de mauvaises notes : ce journal n'était pas fait pour cela. Personne, en dehors d'elle, n'avait le droit d'y marquer quoi que ce soit. Personne n'avait le droit de le lire. Personne.

Inka ferma soigneusement le journal à clef, le fourra sous son matelas et éteignit la petite lampe de poche rouge. Il fallait l'économiser, car une pile, ça coûte cher, et elle n'avait pas beaucoup d'argent de poche. En revanche, elle allait pouvoir tous les soirs noter quelque chose dans son journal. C'était presque comme si elle avait eu une chambre rien que pour elle. « Si j'emporte mon journal à l'école de sport, je n'aurai pas besoin de parents adoptifs », songea-t-elle.

Cette pensée aidant, elle s'endormit. Mais cette nuit-là, elle ne rêva pas de la balançoire.

3. L'étrangère sur la photo

Plus le temps passait, plus Inka désirait que ses souhaits se réalisent. Angelika lui conseillait :

– Fais donc des prières. Il arrive souvent que le bon Dieu vienne m'aider.

Mais Inka n'avait pas de bon Dieu. En conséquence, elle ne pouvait pas se contenter de joindre les mains comme Angelika et de dire : « Dieu d'Angelika, je t'en prie, fais qu'ils m'acceptent à l'école de sport. » Non, cela ne marchait pas. Il aurait fallu le fréquenter depuis longtemps déjà, prier tous les soirs, même si elle n'avait pas de vœu pressant.

Un jour, Inka n'y tint plus. Elle alla trouver Mme Nogler et lui demanda :
– Pourquoi ne vais-je pas à l'école de sport? Je suis devenue nettement meilleure en mathématiques.

La directrice fouilla dans ses tiroirs. Inka eut l'impression qu'elle ne faisait ce geste que pour ne pas être obligée de la regarder.
– Inka, dit-elle, utilisant son diminutif pour la première fois depuis des années que la fillette était au foyer. Inka, ce n'est pas possible. Ote-toi cette idée de la tête. Je suis obligée de te le dire, même si cela doit te faire souffrir. Mais il vaut mieux que tu cesses de nourrir de faux espoirs.

Inka avala brutalement sa salive pour ne pas éclater en sanglots. Elle se rendit compte que Mme Nogler aussi avait eu du mal à prononcer les mots qu'elle venait de dire.

Qu'importe! Inka préférait tout apprendre d'un seul coup plutôt que par bribes.

– Et les parents adoptifs? Ça non plus, ce n'est pas possible?
– Non, répondit Mme Nogler en fourrageant avec énergie dans ses tiroirs. Pourquoi veux-tu absolument t'en aller d'ici? Tu ne t'y plais plus?

Elle scruta Inka d'un air interrogateur. A cet instant, elle était redevenue Mme Nogler, la mère des enfants du foyer, celle que tout le monde aimait.

Inka s'assit sur le rebord de la fenêtre ouverte, les jambes pendantes. Un parfum de jasmin, venu du jardin, entrait dans la pièce. On ne sentait aujourd'hui aucune odeur chimique, pas même les effluves de la rivière, la Pleisse. Le spectacle était vraiment beau. Si beau qu'Inka eut du mal à répondre à la question de la directrice. Elle cherchait des explications, mais sans trouver la réponse juste.
– Pourquoi n'est-ce pas possible?
– J'aimerais t'aider, ma fille, dit Mme Nogler, mais j'ai des instructions. Je suis obligée de m'y tenir. Tu ne peux pas encore comprendre tout cela. Commence par grandir...
– Il y a un rapport avec mes parents?

Inka était soudain devenue méfiante. A nouveau la directrice la regarda, comme pour découvrir ce qu'Inka avait derrière la tête. Ou ce qu'elle savait.

– Pas avec eux, mais avec le règlement, répondit Mme Nogler d'un ton ferme. Et maintenant, arrête de pleurnicher.

Inka resta sur le rebord de la fenêtre, bien que la directrice, en prononçant cette dernière phrase, lui eût parfaitement signifié de quitter son bureau.

– Est-ce que vous savez comment était mon père, madame Nogler?

– Non. D'où te vient cette idée?

– J'aimerais savoir, répondit Inka, sans trahir le secret de ses pensées. Peu importe comment ils sont, mes parents, si seulement j'en avais! Même s'ils ressemblent à ceux de Tutty, je pourrais au moins aller les voir.

Mme Nogler, heureuse d'avoir un autre sujet de conversation, répliqua en se moquant d'elle :

– Toi? Tu en aurais vite assez! Tu peux t'estimer heureuse : ici, tu as tout ce qu'il te faut.

« Oui, tout ce qu'il me faut! » pensa Inka. Elle était furieuse. « Comme à l'armée : le règlement, les ordres du district ! Ce n'est pas ça que je veux. »

Elle venait de comprendre que, ce jour-là, elle n'en apprendrait pas davantage. Elle descendit donc du rebord de la fenêtre et se dirigea vers la porte. Tout ce qui la concernait était écrit dans l'un de ces classeurs. Il y avait sûrement beaucoup de choses qu'elle n'avait pas le droit de connaître. Toute songeuse, elle quitta la pièce.

Le désir d'en découvrir plus sur ses origines grandit de jour en jour. On lui avait dit simplement qu'elle était née à Leipzig et que ses parents étaient morts, tués dans un accident. Mais après ce qu'elle venait de vivre, les semaines passées, alors qu'elle avait exprimé le souhait d'entrer à l'école de sport et d'avoir des parents adoptifs, Inka s'était mise à douter qu'on lui eût dit la vérité. Elle sentait que tout le monde l'évitait chaque fois qu'elle voulait avoir de nouvelles précisions. Mme Nogler, Johanna, même M. Kallmus, le professeur principal.

Jusqu'au jour où un événement se

produisit, la laissant tellement désemparée qu'elle souhaita que tout redevînt comme avant, qu'elle n'eût jamais espéré être une grande sportive et avoir une famille. Il s'abattit sur elle si brusquement qu'elle ne sut que faire. De plus, elle n'avait personne à qui en parler. Même pas Tutty.

– Tu t'appelles Ina Karsten? lui demanda une femme qui l'avait suivie depuis la piscine.

Inka avait remarqué cette femme si bien vêtue. Elle avait marché plus lentement, puis plus vite, comme elle l'avait lu dans une histoire policière, enfin elle s'était arrêtée devant l'épicerie de la Coop. Elle avait bien fait : la dame lui avait adressé la parole. « C'est peut-être quelqu'un qui veut m'adopter? » songea Inka, curieuse de la tournure que prendrait la conversation.

– Ah bon! dit la femme en souriant gentiment. Tu es au foyer, n'est-ce pas?

– Oui.

– J'ai à te dire bonjour...

– Bonjour? De la part de qui?

Inka était devenue encore plus

curieuse. Elle passa rapidement en revue toutes les possibilités : qui pouvait bien lui faire dire bonjour ?

Mais ce que la dame déclara alors lui coupa presque les jambes, tellement le choc fut violent.

– De la part de ta mère.

Inka crispa la main sur la poignée de son sac de sport et dévisagea la femme, avant de dire d'une voix étouffée :

– Mes parents sont morts.

– Non, ta mère...

La dame s'arrêta, un policier venait à leur rencontre. Puis elle se détourna et murmura :

– N'en souffle mot à personne, Inka. Pas tout de suite, sinon nous aurions des difficultés. Il faut d'abord que tu en saches plus. Je ne pensais pas que l'on ne t'avait rien dit. On t'a menti, Inka. Ta mère est en vie. Seul ton père est mort.

Elle réfléchit un instant, puis elle ajouta à voix basse :

– C'était mon frère.

Inka considéra fixement l'étrangère. La fillette était devenue toute pâle. Des taches blanches apparurent aux articulations de la main qui se crispait sur les anses du sac de sport.

– Ma mère..., elle vit?

La femme regarda prudemment autour d'elle, puis elle parla plus fort :

– J'aurais dû penser qu'ils t'avaient menti. Mais à présent, c'est terminé. Il faut que tu sois au courant. Est-ce que tu peux sortir demain après-midi sans que quelqu'un s'en rende compte?

Inka réfléchit. Elle devrait sécher l'entraînement. Pour la première fois. Mais il le fallait.

– Tu pourrais venir? insista la dame.

Inka hocha simplement la tête. Elle était incapable d'articuler une parole. Elle avait la gorge serrée.

La femme sortit une photo de son sac à main et la lui tendit.

– C'est ta mère.

Inka hésita à la prendre. Puis, sans y jeter un coup d'œil, elle la fourra rapidement dans son sac, au milieu de ses affaires de sport. Elle n'avait aucune envie de contempler cette photo devant l'étrangère.

Inka continuait à ne pas comprendre ce que cela signifiait. L'événement lui tombait si soudainement dessus que tout s'embrouillait dans sa tête. La dame lui dit encore à quelle heure et à quel endroit elles se rencontreraient le lendemain, puis elles se séparèrent.

– Et mon père? demanda doucement Inka. Pourquoi est-il mort?

La femme, qui s'était déjà éloignée de quelques pas, s'arrêta et se retourna.

– Demain, Inka, demain, tu sauras ce qui leur est arrivé. Mais, je t'en prie, ne parle à personne de ce rendez-vous, sinon, ils t'interdiront de me voir. Et je pourrais avoir de gros ennuis pour avoir pris contact avec toi. Ils veulent absolument éviter que tu saches. Promets-moi de te taire. Au moins pendant quelques jours.

– Oui, dit Inka à voix basse. Je le promets. Je suis au courant : le règlement et le district...

Puis la femme s'en alla. Un tramway, qui venait de stopper à la station, l'emporta en direction du centre ville.

« Ils t'interdiront de me voir », avait dit la femme. *Ils,* c'étaient Mme Nogler et les autres éducatrices du foyer, peut-être également le professeur principal, M. Kallmus. Sûrement aussi le district. Inka craignait le district. Une fois, elle y était allée. Il y avait sur la porte d'entrée un grand panneau : *District du centre ville.* C'était un bâtiment gigantesque dans lequel on se perdait continuellement. Il y avait tellement de salles qu'on ne pouvait les compter. En outre, on n'avait pas le droit d'y entrer; il fallait attendre que l'on vous appelle. Devant les portes, s'alignaient des bancs sur lesquels des gens restaient longtemps assis : ils attendaient. Le district n'apportait jamais rien de bon. Le mot « règlement » était un mot qui provenait de chez eux. De même que la menace : « J'en rendrai compte au district. »

Sûrement l'adjointe de Mme Nogler, Mme Sachs, l'éducatrice, ou Mme Dölling la dénonceraient et interdiraient qu'elle revoie la dame. « Mais je ne peux faire autrement que d'y aller, pensa Inka. Sinon je ne connaîtrai jamais la vérité. Tout le monde me raconte des mensonges. »

Inka vivait comme dans un rêve. Elle avait peur de ce qui lui arrivait.

Elle était encore incapable de comprendre : c'était inouï, ce qu'on lui avait dit quelques minutes plus tôt ! « Ta mère est en vie. »

Inka se réfugia dans le square voisin, où elle n'avait pas à craindre de rencontrer quelqu'un du foyer. Elle avait tellement l'impression que la photo était en train de brûler dans son sac qu'elle courut à toute vitesse vers un banc inoccupé. Une fois là, tremblante d'émotion, elle la sortit du sac. C'était donc *elle*!

Sur l'épreuve en couleurs, il y avait une dame aux cheveux châtains, qui souriait légèrement. Inka essaya de comparer ce visage avec celui qu'elle voyait dans son rêve. Aucune ressemblance : la chevelure de la femme ne flottait pas au vent, son sourire n'éclatait pas de joie... et les yeux, non, même les yeux étaient différents. Les yeux étaient tristes.

C'était sa mère. Une maman, et elle vivait encore aujourd'hui, l'étrangère, là, sur la photo?

Inka contempla longuement ce visage

qui lui restait inconnu. Elle n'éprouvait pas le moindre soupçon d'amour. On racontait pourtant dans les histoires qu'on s'en apercevait, lorsqu'on était de la même famille. C'était immédiat. Mais, plus Inka regardait la photo, plus elle se sentait mal à l'aise. Pour finir, elle la retourna. Il y avait quelques mots écrits d'une petite écriture régulière : *A mon Ina, maman.*

Au-dessous, la date, qui remontait à quelques jours seulement, et une ville qu'Inka ne connaissait pas.

Les questions l'assaillirent comme un essaim d'abeilles et la tiraillèrent jusqu'à lui faire mal à la tête. Alors elle remit la photo dans son sac, sous ses affaires de sport.

Non, la dame n'aurait pas dû lui dire avec tant d'insistance de se taire. Inka n'avait le droit d'en parler à personne. Pas même à Tutty. Elle aurait préféré pouvoir se cacher quelque part et éclater en sanglots. Mais elle avait juré de ne plus pleurer, d'autant qu'elle ne manquait pas d'occupation. Le service de cuisine pendant toute une semaine? Non, surtout pas cela. Mme Kaminsky commencerait par rire, puis lui ferait éplucher les pommes de terre et les autres légumes, sans jamais lui laisser couper les parts de flan, ne serait-ce qu'une fois.

4. Que penses-tu de la discipline?

A son retour au foyer, Mme Nogler gronda Inka pour son retard.
– L'entraînement est déjà fini depuis deux heures. Qu'as-tu fait tout ce temps? Si tu continues, tu seras privée de sortie pendant toute une semaine.

Inka garda un silence obstiné, bien qu'elle sût d'ordinaire apaiser la directrice.

« Elle aussi, elle m'a menti », pensa-t-elle avec amertume. Inka ne trouvait aucun mot d'excuse. L'idée que Mme Nogler, en qui elle avait d'habitude toute confiance, ait pu la tromper, lui faisait très mal.
– Allez! va dans ta chambre, il y a une

surprise pour toi, dit enfin Mme Nogler.

– Encore une surprise?

Inka faillit éclater. Elle se mordit la langue à temps, se rappelant sa promesse. Et puis une surprise, c'était peut-être l'admission à l'école de sport... ou des parents adoptifs.

A cette dernière pensée, une angoisse la traversa. Ce ne serait peut-être plus possible..., à présent qu'elle avait une mère.

Elle monta l'escalier en courant et ouvrit la porte du Trou des souris, si brusquement qu'elle faillit la détacher de ses gonds. Tutty était assise sur le lit d'Inka; les jambes en l'air, elle agitait joyeusement un morceau de papier.

– Devine c' que c'est!

D'un bond, Inka se retrouva à côté d'elle, elle lui arracha le papier des mains, puis, déçue, le laissa tomber doucement par terre.

– Mince, alors! T'es pas dingue?

Tutty se glissa à bas du lit, comme un chat, et ramassa le papier.

– Trois semaines de colo au bord d'un lac! Près de Berlin! T'en fais une bouille, comme si Kallmus t'avait donné une punition !

Inka se coucha en travers du lit pour que Tutty ne puisse pas voir qu'elle était en train de pleurer.

Alors que Tutty s'enthousiasmait à l'idée des prochaines vacances d'été, qu'elle chantait sur tous les tons la générosité de la brigade de l'usine, qui était à l'origine de l'invitation, et qu'elle était déjà prête à ranger ses affaires dans sa valise, Inka s'abîmait dans ses réflexions.

Mais la nuit, tandis que les autres filles dormaient, elle put enfin écrire dans son journal tout ce qu'elle avait eu le temps de ruminer.

L'étrangère sur la photo est sûrement ma mère. Je ne sais même pas où elle habite. La ville n'existe pas dans mon atlas. Pourquoi ne s'est-elle jamais occupée de moi ? Alors qu'elle m'aurait été tellement utile ! Maintenant je n'ai plus besoin d'elle. Si elle est comme les parents de Tutty, je ne vais pas pouvoir entrer tout de suite à l'école de sport. Mon père est mort. C'est ce que m'a dit la dame que j'ai rencontrée aujourd'hui. Actuellement, je ne veux plus avoir de vrais parents. Ils vont empêcher que j'aille à l'école de sport. Je préfère l'école de sport à des parents...

Cette fois encore, Inka cacha soigneusement son journal. Elle l'enveloppa dans un foulard et le remit sous le matelas. C'était à la fois nouveau et beau de pouvoir tout écrire. Elle trouvait aussi qu'elle confiait à son journal des choses dont elle n'aurait pas été capable de parler à quiconque.

Cette nuit-là, elle dormit d'un sommeil agité, se tournant tantôt dans un sens, tantôt dans l'autre.

Le lendemain, elle fut heureuse d'aller à l'école. Pendant les cours, il était possible de penser à autre chose.

Comme d'habitude, avant que la leçon ne commence, il y eut tellement de bruit qu'il fut difficile de pouvoir parler tranquillement. Ce jour-là, bien sûr, il n'était question que d'un seul sujet : la colonie de vacances au bord d'un lac près de Berlin.

Toute la classe était invitée au camp de l'entreprise Perfecta, et pas uniquement les enfants du foyer. Voilà pourquoi la 4e B se comportait comme un essaim d'abeilles que l'on vient de déranger.

Il ne faut donc pas s'étonner si personne ne se rendit compte de l'arrivée de M. Kallmus dans la salle.

– Qu'est-ce qui se passe, ici? Vous ne savez plus ce que c'est que la discipline? hurla le professeur principal.

A ces mots, Carola courut se mettre devant lui, leva la main pour le salut des pionniers* et annonça, comme son rôle le commandait :

– Monsieur, les vingt-six pionniers de la 4e B sont prêts pour le cours.

– Merci bien, dit M. Kallmus.

– Pionniers! Toujours prêts?

– Toujours prêts! répliquèrent les vingt-

* La société de RDA reposant sur des principes démocratiques, l'enseignement n'est pas exclusivement confié aux enseignants. Les élèves de moins de quatorze ans ont leur propre organisation, les Pionniers, qui a pour but d'apprendre aux élèves à « organiser eux-mêmes leur vie sociale au niveau de la classe et de l'établissement scolaire ».

six bouches, comme elles le faisaient au début de chaque matinée de cours.

On entendit encore un peu de bruit, jusqu'à ce que tous les élèves fussent à leur place dans un calme relatif.

Fred Kallmus ouvrit le cahier de classe et y nota quelques mots. Il avait une ride verticale au-dessus de la naissance du nez, et ses yeux jetaient des éclairs quand il se mit debout. Il prit la craie et écrivit au tableau :

Jeunes pionniers, que signifie pour vous le mot discipline?

– Mince alors! s'écria tout haut Holger Fröhlich, exclamation angoissée qui déclencha les ricanements des filles.

M. Kallmus posa la craie et se frotta les mains pour les nettoyer. Il faisait toujours très attention à ce que ses vêtements fussent impeccables.

– Mesdemoiselles et messieurs, il ne s'agit pas d'un devoir à faire à la maison, annonça-t-il. Votre comportement de tout à l'heure m'a montré qu'il était nécessaire d'en discuter. Et à fond.

Alors, pionniers, qu'est-ce que la discipline?

Inka était déçue. Au lieu du cours d'instruction civique, on allait une fois de plus devoir réfléchir sur la discipline. Elle ne pourrait pas regarder par la fenêtre et rêver. Elle serait obligée de participer. Pas question non plus de donner au début du cours la réponse attendue par Kallmus, de façon à être tranquille tout le reste de l'heure. Quand il se mettait en colère, il fallait compter sur les plus désagréables surprises.

Déjà les élèves les plus rapides, dès qu'il s'agissait de se faire remarquer, avaient levé la main. Car tout le monde était d'accord sur un point : une mauvaise note en instruction civique pouvait vous bousiller quelqu'un. Il valait mieux rater une rédaction ou un devoir de mathématiques plutôt que de dire quelque chose qui puisse déplaire à Kallmus.

– La discipline, c'est tenir ses promesses vis-à-vis de l'Etat.

– Qui est l'Etat? intervint Kallmus.

– L'Etat, c'est le Parti et le gouvernement... et nous.
– Exact ! C'est la raison pour laquelle on parle également au Parti de... ?
– De discipline du Parti ! s'écrièrent quelques élèves.
– « Il faut apprendre, apprendre, toujours apprendre ! » cita Carola.
– Qui a dit cela ? demanda Kallmus en désignant Angelika.
– Lénine, je crois.

Des ricanements retentirent dans la salle. Kallmus fit la grimace.
– Tu crois ? Il n'y a que les curés qui croient. Les pionniers, eux, savent. Alors ?
– Lénine, répondit Angelika, désormais sûre d'elle-même, étant donné qu'entretemps les autres le lui avaient soufflé.
– La discipline, c'est aussi, quand on est à la maison, commencer par faire ses devoirs, ramasser les vieux papiers, les chiffons, la ferraille, participer aux clubs et, seulement après, s'amuser... (Holger Fröhlich s'était tout à coup interrompu avant d'ajouter :) Mais souvent, c'est déjà le soir, et il faut que j'aide ma mère parce qu'elle revient du travail.

Kallmus eut une nouvelle grimace et fit signe à un autre élève, qui sursauta en disant :
– La discipline, c'est quand je ne dépense pas en bonbons l'argent que j'ai gagné en lavant les voitures et que je le donne pour le Viêt-nam ou pour la solidarité.
Tutty chuchota à l'oreille d'Inka :
– Mais, quand il a dix marks, il n'en donne que cinq. Le reste atterrit chez le marchand de glaces. Tu parles d'un menteur!
Inka hocha la tête. Elle détestait ces séances d'interrogatoire, où chacun répondait dans l'espoir d'être pris pour un bon pionnier. Il y avait peu de réponses sincères.
Le tour de Susanne Kirsten arriva :
– La discipline, c'est quand on fait ce que...
Susanne s'arrêta.
– C'est quand on fait quoi? demanda Kallmus en haussant les sourcils, tandis que les rides de son front s'accentuaient. Alors, c'est quand on fait quoi?
– ... ce que les supérieurs ordonnent.

De nouveaux ricanements se firent entendre.

– Je ne vois pas ce qui vous fait rire! hurla Kallmus. A moins que ce qu'elle vient de dire ne soit faux? Qui a un avis contraire?

Personne, évidemment. Ou du moins, personne qui eût osé le reconnaître ouvertement. Pourtant, Alwin Hammer posa prudemment la question :

– Est-ce que la représentante des délégués est aussi une... un supérieur?

Toute la classe retint son souffle.

– Alors? interrogea Kallmus, qui déviait ainsi toutes les discussions, la question et le ton de sa voix ne permettant qu'une seule réponse.

– Oui, dit Susanne doucement sans lever les yeux, tout en jouant avec son stylo à bille.

Chacun était au courant de ses querelles avec Carola, qui était devenue la représentante des délégués et qui depuis cherchait des crosses à tout le monde, uniquement pour se faire bien voir. Lors des réunions, elle s'engageait toujours à accomplir ceci ou cela, sans en avoir auparavant parlé avec la classe. Elle empochait les compliments, cependant que les autres étaient obligés d'exécuter sa promesse.

– Et toi, Ina? Qu'est-ce que tu penses de la discipline? Toi, la grande sportive, tu devrais savoir exactement ce que c'est.

Les élèves ricanèrent une nouvelle fois. Inka se leva, bien que M. Kallmus permît que l'on restât assis lorsqu'on était interrogé. Elle rougit jusqu'aux oreilles, parce qu'il venait de faire allusion à son ambition de devenir un jour une championne.

– Je crois que la discipline, c'est quand on a un objectif..., quand on s'entraîne durement..., bégaya-t-elle, sans aller jusqu'au bout de sa réponse.

– Ina Karsten, la championne olympique, railla Carola. Tu ferais mieux de t'entraîner en maths, pour ne pas tout le temps faire baisser la moyenne générale de la classe. D'accord?

– Oh! la vache! grogna Tutty. Elle est vraiment méchante!

Inka était vexée jusqu'au tréfonds. Elle se rassit. Avec la meilleure volonté du monde, après ces coups de bec de

Carola, il ne lui était plus possible de se concentrer.

Inka prit la résolution de se battre, dorénavant, pour être admise à l'école de sport. « Je vais leur montrer ce que c'est que la discipline! On peut raconter tout ce qu'on veut à ce sujet. Mais après, il faut aussi tenir ce que l'on a promis. »

Carola faisait l'importante, parce que son père était à la direction fédérale du Parti, qu'il était permanent politique*. C'était d'ailleurs pour cela qu'elle avait tout mis en œuvre afin d'être la représentante des délégués, alors que personne ne voulait d'elle.

Tutty se rendit compte, en voyant Inka tourner en rond dans la cour, qu'elle n'était pas comme d'habitude.

Kallmus avait institué une règle en rapport avec la discipline et l'avait fait adopter par ses collègues. Pendant les récréations, les élèves n'avaient plus le

* Il y a en RDA cinq partis. Celui pour lequel le père de Carola travaille est le principal parti. Le Parti Socialiste Unifié d'Allemagne (SED).

droit de quitter l'école pour aller n'importe où, à commencer par la boulangerie juste en face.

– Vous n'avez qu'à manger à la cantine et ne pas dépenser l'argent du repas à acheter des gâteaux.

Mais les élèves trouvaient toujours des voies détournées pour se procurer quelques pâtisseries, car ce que l'on donnait à la cantine n'était pas du goût de tout le monde. Pour le lait, c'était pareil. Les enfants du foyer recevaient chaque semaine de l'argent pour payer les repas de la cantine et le lait. Mais Inka économisait l'argent du lait.

– T'as encore pas pris de lait ? demanda Tutty en lui tendant son berlingot percé d'une paille.

– Non, j'ai besoin de l'argent pour acheter des Summavit.

Tutty se frappa plusieurs fois le front :

– T'es complètement dingue ! Si la mère Sachs s'en rend compte, elle donnera directo l'argent à l'école. Tu verras plus un rond, après. Tu crois qu'avec quelques pilules de vitamines ils vont faire de toi une championne ? Ils avalent autre chose pour être plus rapides. Les Summavit! C'est un produit pour les mômes!

Néanmoins, Inka sortit le tube de sa poche, y prit une petite pilule rouge et la laissa fondre soigneusement sur sa langue pour pouvoir en apprécier la saveur légèrement acidulée. Une fois l'enrobage rouge dissous, elle avala d'un coup la petite boule.

– Une par jour, dit-elle à Tutty. Je me sens en meilleure forme, maintenant. Si seulement ça coûtait moins cher!

Elle soupira en pensant au nombre de glaces qu'elle aurait pu acheter avec l'argent de poche économisé pour ces vitamines. Mais, ça aussi, c'était de la discipline. Elle n'avait évidemment pas pu évoquer ce sujet pendant le cours de Kallmus.

5. C'est la faute de ma mère

L'après-midi, le moment arriva enfin où Inka put mettre ses affaires d'entraînement dans un sac et sortir du foyer. Elle avait tout bonnement recopié les devoirs sur Brit. Inka pouvait compter sur elle. Brit était très chouette, elle travaillait bien et faisait rarement des fautes. Ce n'était pas la fille à se laisser distraire par quoi que ce soit. Elle n'était pas comme Inka. Brit n'avait jamais de problèmes.

Inka prit deux pièces de dix pfennigs du petit coffret multicolore qui lui servait de tirelire. C'est avec cet argent qu'elle paierait le tramway.

Au lieu de se rendre à la piscine, pourtant toute proche, elle continua en direction du centre ville, où elle avait rendez-vous à quinze heures avec la dame. Elle avait toujours la photo dans son sac. Pendant que le tramway roulait doucement en direction du centre, Inka la sortit encore une fois afin de graver dans sa mémoire les traits de celle qui était peut-être sa mère.

Elle se sentait vraiment mal, tellement elle était énervée. Elle aurait préféré descendre et aller à la piscine. Ce n'était pas compliqué de s'entraîner : l'important, c'était les performances, les secondes calculées sur un chronomètre.

En revanche, ce qui l'attendait était angoissant.

Arrivée à la place Leuschner, elle se força à retrouver son calme, du moins extérieurement. Elle descendit du tramway et emprunta le passage souterrain pour gagner la rue Peters. La dame lui avait dit qu'elle l'attendrait devant le grand magasin du Centrum. En s'approchant, Inka vit qu'elle était déjà là.

L'espace d'un instant, elle espéra que cette dame pourrait être sa mère. Mais il y avait sur la photo un tout autre visage. C'était très net, à présent.

– Bonjour, dit Inka. Me voici.

La dame lui tendit la main et lui demanda si elle avait envie d'aller à la cafétéria.

Inka était d'accord.

– Mais à celle du marché, précisa-t-elle.

Elle soupira en pensant au nombre de glaces qu'elle pourrait acheter avec l'argent de poche qu'elle allait devoir dépenser. A moins que ce ne soit la dame qui règle?

Sur le court chemin qui les séparait du marché, Inka eut envie d'examiner l'inconnue. Elle avait peur des questions et surtout de ce que la dame allait lui dire.

Celle-ci s'arrêta plusieurs fois pour contempler l'Hôtel de Ville, l'église Saint-Thomas et le bâtiment du Poids public.

– Vous n'êtes pas d'ici? interrogea Inka.

– Je suis née ici, répondit la dame. Mais

il y a longtemps que je n'y suis plus revenue...

A la cafétéria du Pingouin, elles trouvèrent une table libre dans un coin. C'était une chance, car quelques instants après, toutes les tables étaient occupées. Inka chercha longuement sur la carte quelle coupe de glace choisir. Il ne fallait pas que ce soit trop cher : même si c'était la dame qui payait, Inka ne voulait pas qu'on la prenne pour une gourmande. La dame finit par dire :

– Allez! laisse-moi choisir pour toi. Du reste, je suis tante Margot. Tu peux m'appeler comme ça, si tu veux.

– Tante Margot?

Inka repoussa la carte sur le plateau de marbre de la petite table. Elle eut un regard interrogateur, mais elle n'ajouta rien.

La dame commanda pour Inka une grosse coupe de glace aux fruits avec de la crème Chantilly et, pour elle, un café et un cognac.

– Oui, tante Margot, reprit-elle enfin. Je suis Margot Siebert, la sœur de ton père. Je vis à Francfort. Ta mère aussi habite là-bas.

– Alors, je vais pouvoir y aller pendant les vacances, dit Inka avec fougue.

Margot Siebert sourit.

– Tu aimerais bien?

Inka pencha la tête sur sa coupe et prit une cuillerée de fruits. Etait-ce vraiment ce qu'elle désirait?

– Oui, finit-elle par dire. Je pourrais aller la voir. Tutty, mon amie, va parfois rendre visite à ses parents pendant les vacances. Peut-être que ma mère m'enverra l'argent du voyage, parce que mon argent de poche...

Inka rougit très fort. Elle avait presque mendié quelque chose, ce qui heurtait sa fierté.

– Je réussirai à trouver l'argent du voyage, ajouta-t-elle rapidement. D'ailleurs, Tutty peut m'en prêter.

Margot Siebert sourit à nouveau avant de préciser :

– Ce n'est pas si simple que cela, Inka. En effet, c'est... à l'Ouest.

Inka faillit lâcher sa cuillère.

– Où?

– A Francfort-sur-le-Main. Aujourd'hui, ta mère vit là-bas.

Et la dame se mit à lui raconter.

Inka avait à peine trois ans quand ses parents avaient tenté de quitter la RDA*. Le chemin qu'ils voulaient prendre pour passer clandestinement la frontière de la Tchécoslovaquie étant dangereux, ils l'avaient donc laissée chez sa grand-mère à Leipzig, avec l'intention de la faire venir un peu plus tard. On appelait cela le « regroupement des familles séparées ». Mais, lors du passage de la frontière, son père avait été tué et sa mère mise en prison, où elle se trouvait encore il y avait peu de temps. A sa libération, elle avait demandé à aller à l'Ouest, et non pas en RDA.

– On ne t'a pas informée de tout cela?

Margot Siebert faisait attention à ce qu'elle disait. Des larmes coulèrent sur les joues d'Inka.

* Quand en 1945 le régime hitlérien est vaincu, les Alliés se partagent l'Allemagne en zones d'occupation. Les zones d'occupation américaine, britannique et française à l'ouest donneront naissance le 17 juin 1949 à la République fédérale d'Allemagne (RFA) et la zone d'occupation soviétique à la République démocratique allemande (RDA), le 7 octobre de la même année.

– Non, sanglota Inka. Je croyais… qu'ils étaient morts.
– Alors, garde pour toi ce que je viens de t'apprendre, Inka. On va continuer à te mentir pour t'empêcher de rejoindre ta mère. Elle s'est adressée à un avocat pour que tu puisses bientôt la revoir…
– Non ! dit Inka. Non ! Je ne veux pas aller à l'Ouest ! Pourquoi n'est-elle pas restée ici ? Ça lui serait moins difficile de venir me chercher. Je pourrais aussi aller à l'école de sport… Peut-être que je serais admise…

Son visage se figea, elle ne voulait plus pleurer. Margot Siebert lui tendit un mouchoir.
– Tu sais, Inka, ce n'est pas si sûr. On l'aurait déchue de ses droits maternels, et toi on t'aurait gardée pour toujours au foyer ou… on t'aurait déclarée adoptable.

Inka bondit de colère :
– Ah ! c'est donc ça ! Maintenant je sais pourquoi ça n'a jamais marché avec les parents adoptifs. C'est la faute de ma mère, qui n'a pas voulu me lâcher ! On ne m'acceptera jamais à l'école de sport !

Margot Siebert remit doucement Inka sur sa chaise.
– Tout cela est un peu trop pour toi. Je comprends très bien, Inka. Il faut que tu réfléchisses dans le calme à toute cette histoire. Mais crois-moi, personne ne te veut de mal. Ta mère la première. Je vais à présent te donner une lettre dans laquelle elle t'a tout expliqué. C'est une longue lettre. Est-ce que tu peux la conserver sans qu'elle tombe dans de mauvaises mains?

Elle sortit une épaissse enveloppe de son sac et la posa devant Inka.
– Ainsi, tu comprendras peut-être mieux tes parents. Mais n'en parle à personne avant de l'avoir lue jusqu'au bout.

Inka s'empara de la lettre. Encore une chose que personne n'avait le droit de lire. Il allait lui falloir la cacher dans son journal, qu'elle comprenne ou non ce que sa mère lui avait écrit.
– Me permets-tu de te photographier? demanda Margot Siebert. Ta mère serait heureuse d'avoir des photos de toi.

Inka hocha la tête, comme accablée. Elle n'arrivait plus à avoir les idées claires. Elle répondit mécaniquement aux nombreuses questions que lui posa sa tante. Sur le chemin du retour, Margot Siebert prit un rouleau entier de pellicule. Puis, sur la place Leuschner, avant de la quitter, elle s'enquit :

– As-tu encore un souhait que je pourrais réaliser ?

– Oui, répondit Inka, les yeux à nouveau pleins de larmes. Je voudrais savoir où mon père est enterré.

Margot Siebert attira Inka contre elle, et la fillette sentit combien cette question avait touché sa tante.

– Au cimetière du Sud, près de ta grand-mère, dit-elle à voix basse. Dans la section à droite de l'entrée, là où poussent des arbres. Sur la pierre, il y a le nom de ta grand-mère et, au-dessous, celui de ton père. Là aussi, elle aurait voulu...

– Je trouverai, dit Inka.

– Tout est dans la lettre. Ta mère n'a jamais pu visiter la tombe.

Ensuite, tout se passa très vite. Inka avait besoin d'être seule avec ses pensées.

– Dois-je saluer ta mère de ta part ?

demanda Margot Siebert. Ou bien veux-tu lui écrire?

– Je peux?

– Oui. Mais il faut que tu sois prudente, que tu mettes un autre expéditeur et que envoies la lettre à mon adresse.

Sur une feuille de papier, elle nota rapidement le nom du lieu où elle habitait.

– Si tu peux retenir mon adresse par cœur, jette ce papier pour plus de sécurité.

Inka hocha la tête. Elle était troublée. Jusqu'alors, elle avait vécu sans avoir de secrets, et voilà qu'à présent il y avait plein de choses qu'il fallait dissimuler aux autres. Cela lui faisait si peur qu'elle répondit, en fourrant le papier dans sa poche :

– Je préfère que vous la saluiez.

– Je repars aujourd'hui, dit Margot Siebert. Peut-être que nous nous reverrons bientôt. Porte-toi bien, Inka.

Elle l'entoura de ses bras et lui appliqua un baiser sur les deux joues. Puis elle l'accompagna jusqu'au tramway qui arrivait. Inka s'assit dans la dernière voiture, de façon à voir encore sa tante.

Les baisers avaient diffusé en elle un étrange sentiment. Elle était incapable de se souvenir quand un adulte l'avait embrassée pour la dernière fois. Et elle se remit à penser qu'en un jour toute sa vie avait changé.

Lorsqu'elle descendit du tramway, Inka regarda l'horloge au-dessus de la bijouterie. Il était grand temps de ren-

trer au foyer si elle ne voulait pas devoir répondre à des questions désagréables. Mais, à son retour, personne ne fit attention à elle, car on ne parlait que des grandes vacances.

– Dans la classe, cette fois, tout le monde est d'accord pour y aller! dit Angelika.

– Notamment ton petit ami, Holger Müller, railla Tutty.

Angelika devint rouge comme une pivoine et lui lança :

– Et alors? Moi, je ne vais pas chercher mes amis deux classes au-dessus!

Inka n'entra pas dans la bagarre : elle n'avait pas le temps de s'occuper des garçons et trouvait ridicule de les fréquenter pour parler de n'importe quoi avec eux. Il y avait mieux à faire : s'entraîner, par exemple.

– Tu vas pouvoir nager toute la journée!

Tutty essayait de faire participer Inka à la conversation. Elle n'aimait pas le silence dans lequel, ces derniers jours, son amie se complaisait.

– Et puis de là-bas, c'est pas loin. J'irai

voir mes vieux. Sûrement que j'aurai le droit. Tu peux venir avec moi, Inka.

– Oui, je viendrai, dit Inka distraitement, uniquement pour avoir la paix.

Mais elle pensait à la lettre qu'elle avait cachée sous ses affaires de sport et qu'elle lirait une fois les autres filles endormies.

Elle fut prise d'angoisse à l'idée que Mme Sachs, l'éducatrice, pouvait contrôler une nouvelle fois les sacs et les armoires. Ce qu'elle faisait toujours sans prévenir. Elle confisquait les objets que les enfants n'avaient pas le droit d'avoir. Et on ne les revoyait jamais.

Inka ruminait à présent tous ces problèmes. « Si ça continue, songea-t-elle, j'aurai bientôt besoin d'une nouvelle pile pour ma lampe de poche, et ça coûte cher. Je vais aussi me trouver à court de Summavit. » Elle avalait régulièrement les petites boules rouges de vitamines et n'avait pas cessé de s'entraîner, bien que Mme Nogler lui eût dit d'abandonner l'idée d'entrer à l'école de sport. En dépit de tout, elle s'était même entraînée avec plus d'acharnement que jamais. Elle ne se plaignait plus que ses yeux lui brûlaient à cause du chlore de la piscine et qu'elle avait les mains fripées comme si elle avait fait la lessive pendant des heures. Les sourires d'encouragement de Johanna lui suffisaient. Quelques mots pour la féliciter, et Inka aurait encore continué. Mais Johanna s'en tenait strictement au règlement.

6. L'enfant de traîtres

Le moment arriva où tout le monde fut couché. Inka savait par expérience que Tutty s'endormait tout de suite et que Brit et Angelika mettaient un peu plus longtemps. Angelika faisait sa prière. Elle venait d'une famille qui allait fréquemment à l'église. Souvent Inka lui enviait d'avoir un Dieu à qui elle pouvait tout confier et qui parfois même lui venait en aide. Elle avait essayé, mais elle n'avait jamais eu de réponse.

Angelika lui avait dit :

– Peut-être que tu n'as pas été baptisée. Il faut sûrement avoir été baptisé. Sinon, tout cela ne sert à rien.

Mais à qui aurait-elle pu s'adresser? Mme Nogler l'ignorait certainement. Angelika aussi, qui était incapable d'expliquer ce que le mot baptême signifiait, ni exactement ce que l'on faisait ce jour-là.

– C'est un truc à l'église, avec de l'eau bénite.

C'était sûrement quelque chose de compliqué et il était vraisemblable qu'on ne le lui avait pas donné, à elle, Inka.

En attendant que les autres fussent profondément endormies, Inka songeait aux paroles d'Angelika. Sa mère, qui habitait quelque part à l'Ouest, pourrait peut-être lui dire si elle était baptisée ou non. Inka pensait que non. Comment une mère qui ne s'était pas occupée de son enfant aurait-elle pu aller à l'église et la faire baptiser?

Un jour, elle était entrée dans l'église Saint-Nicolas avec Angelika, mais elle s'était vite demandé si les quelques gouttes d'eau que l'on laissait tomber dans une vasque de pierre pour baptiser les petits enfants pouvaient avoir beaucoup d'effet. Oui, si c'était une piscine ou... quelque chose comme ça, Inka aurait pris la chose au sérieux. Mais ça !

A présent, tout le monde dormait. Inka tira prudemment l'enveloppe de sous son pyjama, déplia les pages avec précaution et s'engouffra sous la couverture. Elle alluma sa minuscule lampe de poche. Son cœur battait très fort lorsqu'elle se mit à lire la première page. Elle était tellement excitée qu'il lui fallut un moment avant que ses yeux puissent distinguer les lettres. Elle dut aussi s'habituer à l'écriture. Les lettres étaient petites et régulières. Tout était écrit très soigneusement, au stylo et non pas au crayon à bille.

Un étrange sentiment l'envahit et lui coupa presque la respiration. Ces mots n'existaient que pour qu'elle les lise! Jamais encore quelqu'un ne s'était donné autant de peine pour rédiger un texte à son intention.

Elle ouvrit rapidement son journal. Elle y avait collé la photo après s'être enfermée dans les toilettes, de peur que quelqu'un ne vînt la surprendre. Mme Sachs, l'éducatrice, avait l'œil partout.

Le visage sur la photo lui était devenu plus familier. Ces derniers temps, elle n'avait pas cessé de le regarder en cachette. Et, en lisant les premières pages de la lettre, elle arriva presque à s'imaginer que c'était sa mère qui lui racontait toute cette histoire.

... Tu es très loin de moi, Ina, mon enfant. Il n'y a pas que les kilomètres et la frontière qui nous séparent. Toi-même, au fond de toi, tu es si loin que j'ai peur que mes mots, que mon amour ne parviennent pas jusqu'à toi.

Je t'en prie, sois patiente avec moi. Lis ces lignes que j'ai écrites pour toi dans l'espoir que tu comprennes bien des choses et que tu nous pardonnes d'avoir obscurci ton enfance avec tant de larmes et de souffrance. Je te demande aussi pardon pour ton père, qui est mort dans les barbelés, vidé de son sang, parce que personne n'est venu le secourir. Des barbelés nous séparaient de la liberté.

Pourquoi voulions-nous quitter le pays dans lequel nous étions nés, dans lequel nous te laissions auprès de ta grand-mère, pour pouvoir ensuite venir te chercher en toute sécurité, sans mettre ta vie en danger? Ina, tu ne sais pas encore ce que le mot « liberté » signifie. Mais crois-moi, ce mot pèse plus que le confort de l'existence et tous les objets que l'on peut posséder. Ton père ne pouvait agir autrement, s'il voulait rester fidèle à lui-même. Quant à moi, sa femme et ta mère, je me devais de le suivre. Je voulais notre bien...

Inka éteignit sa lampe de poche parce qu'elle ne pouvait plus rester sous la couverture. Les mots qui composaient des phrases trop longues la touchaient en même temps qu'ils lui inspiraient du dégoût. Elle répéta dans sa tête ce qu'elle venait de lire et trouva immédiatement une réplique. « *Elle* dit : "Je voulais notre bien..." Mais ils m'ont tout bonnement laissé tomber, à cause de leur liberté ! Et maintenant, il faut que je comprenne tout et que je leur pardonne. Maintenant qu'on ne peut plus rien changer. Maintenant qu'ils m'ont tout bousillé... Qui acceptera quelqu'un comme moi à l'école de sport ? Et qui m'adoptera ? Ces parents, ils ont tout gâché. S'ils étaient restés, je n'aurais pas été obligée d'aller dans un foyer. J'aurais pu entrer à l'école de sport et peut-être qu'après j'aurais été admise dans l'équipe olympique, si je m'étais entraînée avec suffisamment d'application. Mais voilà ! Ils ont tout fichu par terre. Tout ça parce qu'ils se sont barrés ! M. Kallmus a dit un jour en instruction civique que quitter la République, c'était trahir la RDA, qu'il ne fallait pas fréquenter les traîtres. »

Inka se redressa sur son lit. L'angoisse lui coupait presque le souffle. « Est-ce que Kallmus sait qui étaient mes parents ? Est-ce qu'il sait que je suis l'enfant de gens pareils ? Est-ce que c'est à cause de ça que parfois il se moque de moi ? »

Inka eut peur qu'après ce qui venait de se passer le joli rêve de la balançoire ne revienne plus. Cette pensée l'attrista. Elle aurait voulu pouvoir pleurer. Son secret l'oppressait tellement qu'elle avait perdu sa gaieté. Elle venait d'acquérir la certitude que tous ses espoirs avaient été vains.

Elle souhaita presque avoir des parents comme ceux de Tutty, ou que sa mère fût morte, autrefois, à la frontière. Oui ! Les choses seraient beaucoup plus simples. Personne ne pourrait lui reprocher d'être l'enfant de gens qui avaient voulu quitter la République, l'enfant de gens qui avaient trahi.

Inka se demanda qui était au courant de son histoire. Mme Nogler, sans aucun doute. Toute cette affaire était certainement consignée dans les dossiers qui se trouvaient dans la grande armoire du bureau de la directrice. Le district aussi. Ils ne se donneraient donc même pas la peine de faire une démarche pour qu'elle entre à l'école de sport. Est-ce qu'à l'école... ? Inka, épouvantée, énuméra les autres personnes qui pouvaient connaître ses origines. Non ! elle n'avait plus du tout envie de poursuivre la lecture de la lettre. Qui sait ce qu'elle allait encore découvrir ! Il fallait vraiment qu'elle cache tout cela. Elle rentra à nouveau sous la couverture puis en ressortit, cette fois avec son journal, pour y écrire tout ce qui lui pesait sur le cœur.

Je n'ai même pas une cachette suffisamment sûre pour que je puisse y mettre tout ça, écrivit-elle.

Les larmes délayaient l'encre, mais cela n'avait aucune importance.

Si quelqu'un trouve mon journal, tout le monde va savoir que mes parents ont trahi la RDA. Plus personne ne me fera confiance. Ils ont rejoint les ennemis de notre République ! M. Kallmus a dit que les capitalistes sont nos ennemis. Ils veulent faire la guerre et exploiter les travailleurs. Elle vit là-

bas maintenant, ma mère. Comme Mme Siebert, qui se dit ma tante. Jamais je n'irai là-bas! Jamais!

Elle souligna le dernier mot d'un gros trait avec le feutre rouge que Susanne lui avait offert. Puis elle referma soigneusement son journal et pendit la clef à son cou. Elle faisait cela depuis le jour de son anniversaire. Elle ne l'enlevait même pas quand elle se lavait. Susanne avait vu qu'elle utilisait un ruban. Le lendemain, elle lui avait apporté une chaînette en argent et la lui avait mise dans la main :

– Tiens, c'est mieux qu'un ruban. Il sera plein d'eau quand tu vas aller nager.

Inka était très fière de cette chaîne. En revanche, Tutty était agacée. Elle était jalouse de Susanne. Après tout, Inka était *son* amie.

Inka réfléchit. Laquelle des deux était sa meilleure amie? Elle ne put se décider : elle aurait été incapable de confier son terrible secret aussi bien à Tutty qu'à Susanne.

Elle eut l'impression d'être très seule.

Les jours suivants, chaque fois que l'occasion de fuir les autres se présenta, Inka sortit de sa cachette la lettre de sa mère pour en lire un passage. Elle avait entrepris de tout lire avec exactitude. Comment aurait-elle pu apprendre autrement ce qui s'était passé? Peut-être qu'au moins sa mère lui révélait la vérité. Inka était dans un état comme jamais elle n'en avait connu dans sa vie. Qui croire? Chacun affirmait ce qui lui convenait le mieux. Même Tutty. Elle râlait après ses parents, comme s'ils étaient ce qu'il y a de pire au monde. Mais un jour elle s'était trahie, et Inka avait compris que Tutty avait été placée dans ce foyer parce qu'elle traînait dans les rues et qu'elle restait parfois des journées entières sans rentrer à la maison.

Jusqu'alors, le monde n'avait posé aucun problème à Inka, parce qu'elle avait cru ce qu'on lui disait. Mais à présent elle sentait qu'on l'avait trompée. Inka éprouvait ce sentiment pour la première fois et elle en était très malheureuse. Elle était triste aussi de devoir garder pour elle ce terrible secret. Si Mme Nogler ne lui avait pas menti, elle aurait pu aller immédiatement la voir et tout lui raconter. Mais Mme Nogler serait sans doute obligée de rapporter ses paroles au district. Et elle lui dirait : « Ina, tout cela est une question de règlement. »

Non, Inka devait garder le silence. En lisant la lettre, elle apprit que son père avait été directeur d'une entreprise nationalisée et qu'il n'avait pas pu remplir le plan. Sa mère était journaliste. Lorsque ses parents avaient décidé de quitter la RDA – Inka en connaîtrait plus tard les raisons exactes –, ils l'avaient mise chez sa grand-mère, la mère de son père. On viendrait la chercher dès que possible. Il ne fallait pas qu'elle soit en danger. Mais les choses s'étaient passées différemment. L'évasion s'était mal terminée. Le père était mort. On avait mis la mère en prison. Les juges l'avaient condamnée à plusieurs années d'emprisonnement. Ils avaient également voulu la priver de ses droits maternels.

... J'ai résisté, ce qui n'a pas été sans aggraver les conditions de ma détention. Je suis restée ferme dans la décision de partir en République fédérale après ma libération. Si je n'avais pas quitté la RDA, on ne m'aurait sûrement pas rendu le droit de te garder, Ina. Et jamais plus je n'aurais eu la possibilité d'exercer ma profession de journaliste. J'aurais dû me taire pour toujours. Voilà pourquoi il faut que nous supportions la séparation encore quelque temps. Puis nous serons ensemble pour toujours...

Inka laissa retomber la lettre. Ce qu'elle venait de lire l'avait complètement anéantie.

Pendant des jours, l'image de son père pris dans les barbelés et perdant son sang ne la quitta plus. Elle se rendit en cachette au cimetière du Sud et trouva la tombe de sa grand-mère, qui contenait aussi l'urne de son père. Elle demeura devant le monticule de terre, couvert de lierre et surmonté d'une pierre lisse et grise, sans éprouver quoi que ce soit. Elle s'était imaginé la chose autrement, c'est-à-dire comme dans les livres : on s'agenouille devant la tombe et on pleure. Mais elle n'avait rien, vraiment rien ressenti. C'était une tombe semblable à beaucoup d'autres, dans un grand cimetière.

Elle s'en alla, déçue de ne pas avoir découvert un peu d'elle-même.

7. Au revoir, Johanna!

Les grandes vacances approchaient. Inka avait un peu peur des notes, car elle avait raté les derniers devoirs de mathématiques. Dans les autres matières, elle avait baissé également.

Mme Nogler la fit venir dans son bureau.

– Qu'est-ce que tu as? On te voit partout avec une mine d'enterrement, tu ramènes de mauvais résultats de l'école et tu ne parles à personne. Qu'est-ce qu'il se passe?

– A quoi bon?

Inka espérait pouvoir se dérober habilement. Si Mme Nogler devinait la vraie raison, elle n'arrêterait plus de poser des questions. Sans compter la suite : Inka convoquée au district.

– Tu penses à l'école de sport?

Inka saisit la perche qu'on lui tendait.

– Oui, répondit-elle. Pourquoi est-ce que ça ne marche pas? Pourquoi, moi, je ne peux pas y aller, madame Nogler?

« Voyons quelle histoire elle va me sortir », pensa-t-elle.

– Pars d'abord en colonie, Ina, dit Mme Nogler. Sûrement qu'après quelque chose aura changé. Peut-être...

– J'ai encore une chance? demanda Inka.

Son cœur se mit à battre très vite. « Il ne faut pas que je me trahisse. Sinon, c'en est fini pour toujours. Peut-être que, s'ils ignorent encore tout, je serai admise à l'école de sport. »

– Je travaillerai mes maths pendant les vacances, promit-elle.

– D'accord! dit Mme Nogler en riant, ça ne peut jamais faire de mal.

Ces paroles pouvaient faire croire qu'il y avait encore de l'espoir pour l'école de sport. A cet instant, Inka fut mécontente d'avoir relâché ses efforts, les derniers temps. Elle n'avait songé qu'à la lettre. Peut-être qu'elle avait tout gâché. Et qui aurait pu lui dire si toute cette histoire était vraie? Et si c'était une autre fille que cette Mme Siebert devait rencontrer?

A cette idée, Inka sentit une bouffée de chaleur lui monter à la tête. « Il faut vite que je sorte d'ici, songea-t-elle, afin que Mme Nogler ne se rende compte de rien. » Mais celle-ci avait déjà remarqué quelque chose.

– Ça ne va pas? demanda-t-elle.

– Si, si, madame Nogler. Est-ce que je peux m'en aller?

– Allez! file!

Inka rejoignit le Trou des souris. Elle fut heureuse de constater que les autres étaient dans la salle de jeu. Elle sortit le journal de sa cachette et l'ouvrit. Elle avait aménagé un creux dans le rembourrage de la couverture, comme elle l'avait vu faire une fois dans un film policier. Un personnage avait caché quelque chose dans un livre. Le creux avait exactement les dimensions pour recevoir la lettre et la photo. De cette manière, Inka avait toujours tout sous clef. Malgré cela, elle dissimulait son journal avec précaution.

Inka commença par regarder la photo. Cette fois, elle fut déçue et la reposa. C'était une photo comme toutes les autres. La lettre aussi. Elle trouvait cette histoire étrange. Plus elle y réfléchissait, plus elle était persuadée que ce n'était pas d'elle qu'il s'agissait.

La photo à la main, elle s'assit devant son petit miroir de poche, qu'elle avait appuyé contre deux livres, et elle compara l'image avec son propre visage. Des cheveux châtains! Oui, elle aussi avait les cheveux châtains. Mais les siens étaient plus longs, pas coupés aussi court. Les yeux? « Les miens sont différents. J'ai les sourcils beaucoup plus épais et les cils beaucoup plus longs. Et j'ai des taches de rousseur sur le nez. La dame de la photo n'en a pas. D'ailleurs, il y a beaucoup de gens comme elle. Qu'est-ce qui me dit que c'est *ma* mère? »

Elle replaça la lettre et la photo dans

son journal, puis elle prit le feutre bleu que Susanne lui avait offert. Ce jour-là, elle écrivit sur une nouvelle page :

Je suis vraiment contente d'avoir découvert ce que j'ai découvert. C'est sûrement une méprise. Ce n'est pas de moi qu'il s'agit. C'est sûrement une autre fille qui, par hasard, s'appelle aussi Ina. Je vais conserver la lettre et la photo. Peut-être qu'un jour elle se fera connaître. Alors, je les lui donnerai, de façon que sa mère n'ait pas écrit tout cela pour rien. Une lettre pareille, cela demande du travail. Peut-être que maintenant je vais encore pouvoir être admise à l'école de sport et avoir des parents adoptifs. Plus tard, si je nage bien, j'entrerai dans l'équipe olympique. Je nagerai tellement bien que l'Etat sera fier de moi. Et sûrement que mes parents n'auront pas trahi la République.

Johanna fut très surprise de voir combien Inka, du jour au lendemain, avait changé.

– Tu as enfin compris? lui dit-elle en

plaisantant. Je croyais que tu avais perdu l'envie de t'entraîner. Ç'aurait été dommage, avec le talent que tu as.

Inka sauta joyeusement dans l'eau. Puis elle fit régulièrement ses longueurs. Il fallait qu'elle accomplisse parfaitement sa tâche. Elle sentit également qu'elle avait retrouvé la forme. Cette histoire avait pesé lourdement sur elle. A présent, elle était libre. Cela n'avait été qu'une erreur.

– Quand vous reviendrez de la colonie, il faudra bien t'entraîner, dit Johanna. Je t'ai mise dans l'équipe qui va à Rostock en décembre.

Inka était tellement heureuse qu'elle lui sauta au cou. A nouveau, tout allait bien. Elle était réconciliée avec la vie.

Cependant, une goutte d'amertume vint troubler sa joie.

– A partir de septembre, une étudiante me remplacera. Il faut que je prépare mon examen. Ne me fais pas honte, Inka.

Elles étaient assises sur le banc et elles regardaient les autres dans l'eau. Comme d'habitude, il n'y avait pas assez de place pour tous les groupes et, si l'on ne faisait pas partie d'une équipe, il était vraiment très difficile de venir nager. Les piscines n'étaient ouvertes au public qu'à certaines heures de la journée. Le reste du temps, elles étaient réservées aux écoles et aux clubs sportifs.

– Pourquoi n'as-tu pas continué à faire de la compétition ?

Inka s'était souvent demandé pourquoi Johanna, qui nageait pourtant si bien, n'était pas devenue une championne.

– Lorsque j'avais ton âge, je m'entraînais avec passion, dit Johanna.

Inka crut voir dans son regard un brin de nostalgie. Elle n'osa pas continuer à l'interroger. Mais Johanna poursuivit d'elle-même :

– Tout le monde ne peut pas arriver jusqu'en haut, tu sais. Il vaut mieux que tu sois prévenue dès à présent, afin de ne pas être déçue comme je l'ai été. Il n'y a que les meilleurs qui y parviennent, quand il s'agit de rapporter des médailles à la RDA. Et, pour les trouver, il faut justement que le choix soit vaste, que beaucoup de monde s'entraîne et que chacun montre, lors des Spartakiades de la jeunesse, ce qu'il sait faire...

Inka eut l'impression que Johanna ne s'adressait pas à elle. Ce que son entraîneur venait de dire, elle l'avait déjà souvent entendu. Mais la chose la concernait de près, si bien qu'elle reprit :

– Si je m'entraîne encore plus, est-ce que je serai sélectionnée?

– Ça ne suffit pas toujours, Inka. A l'entraînement, j'avais des temps formidables et, aux concours, je remportais des victoires. Mais les médecins sportifs ont dit qu'il y avait un risque, si l'on continuait à dépenser de l'argent pour moi. Je n'avais pas la constitution qu'il fallait. La forme de mon corps ne correspondait pas à cent pour cent à ce que l'on exige en natation, au niveau de la compétition. Or, on ne l'avait pas réalisé tout de suite. J'étais plus âgée que tu ne l'es aujourd'hui. Je m'entraînais à l'Ecole supérieure d'éducation physique. J'étais même allée à l'étranger quand, tout à coup, terminé! Plus rien, et j'ai été obligée d'arrêter.

Johanna était un peu amère. Inka le remarqua sur son visage. Elle baissa les yeux sur son propre corps pour voir s'il était comme il faut. Mais il n'était pas encore possible de s'en rendre compte. Elle était assise sur un banc, en maillot de bain bleu foncé : son corps était mince et ne présentait aucune particularité. Johanna vit son regard scrutateur. Un léger sourire se dessina sur ses lèvres.

– Il est trop tôt pour le vérifier, Inka. Il faut attendre deux ou trois ans. Ce n'est pas maintenant que les choses se décident.

– Mais alors, je fais peut-être tout cela pour rien? interrogea Inka dans un souffle. Je préférerais...

Elle était si bouleversée qu'elle en bégaya. Johanna avait retrouvé son sérieux.

– Oui. C'est possible. Mais si tu penses que le sacrifice est trop grand, il vaudrait mieux arrêter tout de suite.

Inka prit peur. Non, surtout pas! Johanna n'avait pas le droit de penser cela d'elle. Elle se dépêcha de dire :

– Aucun sacrifice n'est trop grand pour moi.
– Je voulais simplement, un jour, t'en parler, Inka.

Inka hésita un peu avant de demander :
– Et si je ne suis pas acceptée à l'école de sport, est-ce que je suis sûre de...
– Non. Si ça ne marche pas, tu iras tout bonnement dans une école supérieure élargie* normale.

Inka poussa un profond soupir. Que de problèmes ! Ce qu'elle avait cru si simple au début se révélait si compliqué ! Inka se leva, car l'autre groupe était en train de remonter sur le bord. C'était à nouveau son tour de s'entraîner.
– Malgré tout, Johanna, je continue.

L'entraîneur lui sourit et dit :
– Je n'attendais rien d'autre de ta part.

Inka était vraiment fière de la confiance que Johanna lui manifestait.

* L'école supérieure dite « élargie » succède aux dix années de scolarité obligatoire. Elle conduit à l'*abitur* (l'équivalent de notre baccalauréat) en deux années. C'est une voie d'accès à l'université. En France, elle équivaut au lycée.

Tout en faisant ses longueurs et en essayant de réaliser des demi-tours de plus en plus rapides, elle fit de grands projets. « Si ça marche avec l'école de sport, je m'entraînerai tellement que la forme de mon corps n'aura plus d'importance. L'essentiel, c'est que je nage suffisamment vite et qu'aux championnats je ramène des médailles. Si ça rate avec l'école de sport, il faut aussi que je fasse de bonnes performances pour qu'on accepte que je m'entraîne à l'Ecole supérieure d'éducation physique. Tout le monde ne va pas à l'école de sport, ça n'empêche pas certains de participer aux compétitions. Il y en a même qui vont à l'étranger. »

Inka se mit à rêver... La scène du grand succès, un rêve qu'elle faisait souvent, les yeux ouverts. La tribune est remplie de monde. Parmi tous ces gens, il y a ses parents adoptifs. C'est l'anniversaire de la République. Chacun arbore ses décorations. Inka est la dernière de l'équipe de relais. Il semble qu'elles vont perdre. Inka prend le départ. Elle démarre en flèche. Elle nage comme jamais elle n'a encore

nagé. La voilà qui touche le mur pour le demi-tour. Les autres sont encore derrière. Grâce à elle, son équipe a gagné. Voici le moment des récompenses. On lui donne une grosse médaille. Ses parents, depuis la tribune, lui font signe. Ils ont leurs propres décorations épinglées sur la poitrine.

Inka rêvait encore – son visage rayonnant de bonheur – quand elle se retrouva sur le bord à côté de Johanna.

– Inka, regarde ce que je t'ai apporté, dit Johanna en lui déposant un petit paquet dans la main. C'est un souvenir de moi pour quand je ne pourrai plus t'entraîner. Je la portais quand j'avais ton âge... (elle sourit légèrement) et que j'avais les mêmes projets que toi.

Inka ouvrit le paquet. Une montre-bracelet! La montre de Johanna.

– C'est pour moi?

Décontenancée, Inka tenait dans sa main la montre chromée.

– Oui, c'est pour toi.

Johanna la prit et la lui attacha au poignet gauche.

– Si, un jour, quelque chose ne va pas,

pense à moi qui ai trouvé ce qu'il faut pour être heureuse.

Inka hocha la tête. Elle avait la gorge serrée.

– Dis-moi, Johanna, ce qui te rend heureuse, demanda-t-elle à voix basse, en passant doucement le doigt sur le boîtier métallique.

– Je peux, par exemple, à nouveau m'appartenir. Mais tu ne peux pas comprendre. Ne t'inquiète pas. Et puis, si tu as besoin d'un conseil urgent, je ne m'en vais pas. Tu viendras me voir?

– Oui. Sûrement.

Inka posa solennellement sa main dans celle de Johanna.

La montre devint la grande fierté d'Inka. Naturellement, Mme Nogler voulut savoir où elle l'avait eue. Quand elle apprit ce qui s'était passé, elle fut aussi heureuse qu'Inka.

– Il va falloir en prendre soin, ma fille. Cette montre n'a pas été achetée dans je ne sais quel magasin d'Etat. Elle est pleine de souvenirs.

Les mots qu'elle venait de prononcer étaient inutiles. Inka n'ignorait pas ce que Johanna avait voulu dire.

– Je sais, madame Nogler. Je m'engage à ne pas abandonner, vous savez.

Un instant, la directrice du foyer serra la fillette contre elle et lui caressa les cheveux.

– Tu es vraiment une chic fille, dit-elle. Pourvu que tu restes comme tu es!

8. Un lac juste devant la porte

Inka avait eu la permission d'emporter sa montre avec elle en colonie. Mme Nogler avait tout bonnement fermé les yeux devant les mauvaises notes de mathématiques. Inka s'était fermement promis de rattraper le 4 sur le bulletin suivant. Elle était donc presque aussi heureuse que les autres au moment de monter dans l'autocar, que l'entreprise Perfecta avait mis à la disposition de l'école pour transporter la 4e B jusqu'au camp de vacances.

– C'est chouette que cette fois nous soyons tous ensemble et qu'il n'y ait pas de programme particulier pour un tel ou une telle! s'écria Carola, suffisamment fort pour que tout le monde l'entende.

L'autocar venait à peine de sortir du quartier nord de Leipzig et longeait l'aéroport de Mockau pour prendre l'autoroute de Berlin.

– Nous allons tenir un journal pendant notre séjour à la colo, d'accord? Et jusqu'au début de l'année prochaine un journal mural, où nous nous engagerons tous...

Carola ne put exposer ses propositions d'engagement collectif. Les garçons s'étaient mis à siffler très fort et les filles à pousser des cris de réprobation.

Carola s'assit dans le coin près de la fenêtre et se tut. Elle était vexée. Susanne, qui était à côté d'elle, lui dit pour la calmer :

– Carola, nous sommes en vacances. Laisse-nous le temps d'arriver. Peut-être qu'il ne fera pas beau et que nous pourrons alors...

Mais Carola la rabroua :

– Oui, bien sûr! C'est quand il pleut qu'on se remet à penser à l'ennemi de classe! Mais, quand le soleil brille, on ne pense qu'à s'amuser!

Inka, qui était derrière avec Tutty, fit une grimace dans le dos de Carola à l'intention de Susanne. Tout le monde éclata de rire. Seule Carola regardait par la fenêtre et ne dit plus un mot avant qu'ils ne s'arrêtent sur une aire de repos.

– L'imbécile, dit Tutty. Elle s'imagine qu'elle va pouvoir continuer à nous casser les pieds. On n'est pas à l'école, ici! Tu vas voir ce que tu vas voir! Je vais lui jouer un de ces tours!

Inka riait en voyant que Tutty était dans tous ses états au fur et à mesure que l'autocar approchait du but. Certes, Tutty était originaire de Berlin, mais elle avait surtout séjourné dans des foyers loin de la capitale. Les autorités agissaient ainsi afin que les parents ne viennent pas fourrer leur nez au foyer. En ce qui la concernait, cela n'avait pas d'importance, puisqu'elle n'avait pas de parents qui eussent pu venir la voir.

Inka s'était remise à penser à son grave problème. Elle avait essayé tout bonnement de l'oublier. Seules la photo et la lettre cachées dans son journal lui rappelaient la rencontre avec Margot

Siebert. Depuis, elle n'avait plus eu aucune nouvelle. Mme Siebert aurait pu au moins lui envoyer une carte. En sondant prudemment Mme Nogler, Inka n'avait rien décelé lui permettant de croire qu'il y avait du nouveau la concernant.

Inka avait mis son journal dans son sac à dos. Toutes disposaient d'un sac individuel pour quelques affaires personnelles. Mme Nogler avait rangé elle-même le linge à emporter – il y en avait toute une liste – dans une valise pour chacune que quelqu'un était venu chercher la veille au foyer.

– Il faut que tout soit bien plié, avait dit la directrice. Si j'étais votre mère, je serais obligée de faire moi-même vos valises. Ça doit être pareil ici.

Mme Nogler était souvent très chouette. Elle était vraiment différente des autres éducatrices. Mme Sachs, elle, était particulièrement sévère. Il arrivait même parfois qu'elle soit très injuste. En outre, elle s'entendait beaucoup mieux avec les garçons. Elle réussissait à les mener à la baguette. Les filles fondaient en larmes dès que Mme Sachs rouspétait.

La directrice était différente. Elle était juste et pas du tout rancunière. L'histoire de la lettre était vraisemblablement une erreur. Mme Nogler n'avait pas menti : la lettre était sûrement destinée à quelqu'un d'autre.

Inka se sentit à nouveau heureuse en pensant à la directrice. Les six enfants du foyer qui partaient en colonie de vacances pouvaient compter sur elle : leurs affaires étaient impeccablement rangées. Ils en étaient fiers. Mme Nogler faisait tout pour que personne ne puisse dire du mal d'eux.

Le car quitta l'autoroute et traversa des petits villages. Il y avait partout des pins et du sable. Le soleil brillait. Aucun nuage ne troublait la pureté du ciel. Le lac était devant eux. D'un seul coup, ils bondirent de leur siège en criant comme des sauvages, jusqu'à ce que Mme Sachs, qui les accompagnait, élevât la voix pour se faire entendre.

– Nous sommes presque arrivés. Ramassez vos affaires, vous pourrez descendre plus vite.

L'autocar tourna pour franchir un portail. Un grand panneau au-dessus de l'entrée annonçait : BIENVENUE AU CAMP DE VACANCES DE L'ENTREPRISE PERFECTA! EN AVANT POUR DE MEILLEURS RENDEMENTS POUR LE BIEN DE NOTRE RDA SOCIALISTE!

Il y avait quatre grands bungalows dont la peinture d'un jaune brillant rivalisait avec le soleil. A moins d'une centaine de mètres de là, on voyait le lac scintiller entre les pins. Les petites vagues bondissaient contre le rivage en luisant dans la lumière. Et comme l'air était pur!

Inka laissa tomber son sac par terre sans plus de cérémonie, et elle partit en courant. De l'eau! Pendant trois semaines, de l'eau, juste devant la porte!

Perdue dans ses pensées, elle contempla le lac, oubliant ce qui l'entourait. De petits voiliers se balançaient. Une famille de cygnes passa majestueusement. Il y avait longtemps qu'elle n'avait pas éprouvé une sensation pareille. Si elle avait pu, elle aurait pleuré de joie. Elle se pencha et laissa le

sable couler entre ses doigts. Puis elle retira ses chaussures et ses chaussettes et entra dans l'eau jusqu'aux genoux.

Soudain, une voix retentit à côté d'elle :

– C'est beau, hein ?

Cette voix lui avait fait peur. Inka sursauta et se retourna. Elle reconnut une des monitrices qui étaient avec eux dans le car. Sa peur disparut.

– C'est *toi*, Inka, n'est-ce pas ? demanda la dame en lui souriant gentiment.

Inka se sentit immédiatement attirée par cette femme, qui semblait, comme elle, conquise par la beauté du paysage. Elles restèrent un moment à regarder, puis elles revinrent vers les bungalows. Un bruit joyeux les attendait.

– Je suis la maman de Susanne, dit la dame. Vous pouvez, si vous le voulez, m'appeler tout simplement Maxi et me tutoyer.

Inka s'empressa de hocher la tête et fit immédiatement l'essai de ce nouveau nom :

– Maxi ! Ça sonne super !

Elles se mirent à rire. Mais, juste à ce

moment-là, Tutty vint s'interposer en grognant comme un chat en colère :
– Qu'est-ce qui t'a pris ? Si je m'étais pas occupée de tout le fourbi, t'aurais passé tes nuits dans la chambre de Carola, à chialer.

En disant ces mots, elle entraîna Inka dans le bungalow, puis dans une pièce où il y avait trois lits à deux étages.

– On est presque comme dans le Trou des souris ! s'écria Inka.

Tutty ne décolérait pas.

– J'en suis tombée sur le derrière, dit-elle dans son parler berlinois. Elle te plaque ses affaires pour aller regarder la mare. T'as encore trois semaines pour la voir. Alors que les pieux, on n'avait qu'une fois pour se les partager, et vite !

Le sac d'Inka était posé sur le lit supérieur, près de la fenêtre. Tutty avait tout de suite accaparé les deux lits les mieux placés.

– Tu es formidable, Tutty. Tu es vraiment super ! dit Inka, donnant ainsi à son amie l'occasion de faire la paix.

Inka grimpa sur son lit pour, de là-haut, examiner la pièce. En plus de Tutty, il y avait dans cette chambre Brit, Angelika, Susanne et Sabine.

– C'est comme dans notre Trou des souris, confirma Brit. Sauf qu'on est deux de plus.

Elle avait, comme d'habitude, prononcé ces mots en zozotant. Tout le monde éclata de rire.

Susanne tira un sachet en plastique de son sac à dos et distribua des chocolats Michka.

– Mon père les a rapportés de Moscou. C'est pour fêter mon séjour dans le Trou des souris.

Susanne était toujours très généreuse. Inka trouva que c'était vraiment chic de sa part de ne pas cacher le gros sachet de chocolats, et, au contraire, de les partager équitablement.

Inka remonta sur son lit et dégusta ses deux confiseries. Elle effaça soigneusement les plis des papiers de couleur dont ils étaient enveloppés : les ours qui y étaient imprimés étaient amusants. Elle avait l'intention de les coller dans son journal.

Carola débarqua au beau milieu de cette atmosphère de fête.

– A midi, c'est le salut aux couleurs. On mange à une heure. Le souper est à six heures et le petit déjeuner à six heures et demie. C'est clair?

– Tu nous prends pour des imbéciles? répliqua Tutty, en colère. On est au moins capables de piger ça, c'est clair?

Les autres éclatèrent de rire.

Carola fit celle qui n'avait pas entendu. Elle était déjà en train d'exécuter un demi-tour réglementaire pour sortir quand une idée lui traversa l'esprit :

– Réfléchissez pour savoir qui sera responsable de la chambre. Je ne peux pas m'occuper de tout.

– Un garde-chiourme, hein? s'écria Tutty en se fourrant d'un air provocateur un gros chocolat dans la bouche.

– En tout cas, ce ne sera sûrement pas toi! répliqua Carola.

Elle se redressa, puis les passa en revue l'une après l'autre.

– Et Inka non plus, elle ne sait même pas ce que c'est que la discipline. Elle jette son sac à dos n'importe où et

descend jusqu'au lac sans demander la permission.
– Il fallait peut-être que j'aille te demander l'autorisation ?

Inka descendit à toute vitesse de son perchoir et, prête à la bagarre, elle vint se camper devant Carola en ajoutant :
– Sache que ce n'est pas à toi que j'irais la demander ! Nous sommes en vacances, et il y a longtemps que je ne supporte plus tes brimades... C'est clair ?

Pour la narguer, elle avait utilisé son expression, puis elle attendit avec impatience la réaction, qui ne tarda pas à arriver :
– Ça ne m'étonne pas de vous, les filles du...

Carola s'arrêta, embarrassée. Elle venait de se rendre compte qu'elle avait failli dire quelque chose qui ne cadrait pas avec les principes collectifs qu'elle affichait. Mais Tutty avait parfaitement entendu. Elle se plaça à côté d'Inka et attaqua :
– Tu allais dire « vous les filles du foyer », pas vrai ? Bon, je vais t'apprendre un truc. Nous, on est plus discipli-

nées que tu peux l'imaginer dans ta petite tête, espèce de fayot!

La bagarre semblait imminente. Susanne regardait la scène d'un air apeuré; elle était sur le point d'offrir un chocolat à Carola pour faire la paix. Mais Brit lui enleva le paquet et le posa bien en vue sur le lit.

– C'est pour notre collectif*, dit-elle. Ce n'est pas à toi, Carola, de décider qui sera la responsable de la chambre. Nous allons l'élire nous-mêmes. Quand ça sera fait, nous viendrons te le dire. Maintenant fiche le camp, et plus vite que ça!

Carola était toute décontenancée, mais désireuse de faire une sortie honorable, elle dit simplement :

– A midi précis, salut aux couleurs. C'est clair?

– C'est clair comme du jus de boudin! répliqua Tutty en se moquant d'elle.

Carola disparut enfin de la pièce.

* Pour favoriser le sens de la responsabilité de chacun dans le groupe, on organise, notamment à l'école, des « collectifs ». Les meilleurs collectifs sont ensuite récompensés. Cela peut se traduire par un voyage gratuit pour l'ensemble du groupe.

– Mince ! Elle nous casse les pieds, celle-là !

Inka remonta sur son lit et entassa quelques objets sur la planche installée près de l'oreiller. En revanche, elle fourra à toute vitesse son journal sous le matelas. Elle avait également emporté sa lampe de poche et un des livres qu'on lui avait offerts pour son anniversaire et qu'elle n'avait pas encore lu. Elle soupira. Sûrement qu'ici elle ne serait pas volontaire pour le service de cuisine. Elle s'allongea et remua un peu afin de voir comment elle allait pouvoir dormir. Pour Inka, tout rentrait dans l'ordre.

9. Maxi

Trois semaines au bord d'un lac. Inka voyait se réaliser un vieux souhait. Elle savait que pendant tout ce temps ils feraient une foule de choses : des compétitions sportives surtout, mais aussi des promenades et des excursions. Il y aurait des « lectures » auxquelles participerait parfois une bibliothécaire ou un écrivain. Et des vétérans du Parti viendraient leur parler : un chauffeur les amenait en Volga et ils évoquaient l'époque où ils luttaient encore pour le socialisme et ne roulaient pas en grosse voiture.

Inka avait surtout l'intention de s'entraîner pour le championnat de natation qui devait avoir lieu à Rostock. Il ne restait plus beaucoup de temps jusqu'en décembre. Elle voulait réussir comme jamais elle n'avait encore réussi. On ne pourrait alors faire autrement que de l'envoyer à l'école de sport. Inka avait de grands projets.

Mais Tutty protesta.

– Tu recommences avec tes châteaux en Espagne? Descends de ton perchoir. Il va être midi. Salut aux couleurs!

Comme il fallait s'y attendre, Carola se tenait à côté du directeur de la colonie. Elle portait un foulard rouge, un foulard de pionnier, par-dessus son pull blanc. Elle avait l'air très sérieux. Elle était particulièrement fière de son foulard, parce qu'un jour, à l'occasion d'une rencontre d'amitié, elle avait fait un échange avec une jeune pionnière soviétique. Inka n'en avait pas eu, parce qu'il n'y avait que cinq pionniers soviétiques. Cependant, elle trouvait que son foulard bleu était aussi beau, en particulier quand Mme Nogler venait de le repasser. En tout cas, aujourd'hui, elle n'avait pas pensé à le mettre, bien qu'il fût posé, fraîchement repassé, au-dessus de ses affaires dans la valise. Beaucoup d'enfants n'avaient pas mis non plus leur foulard. Maintenant qu'ils voyaient devant eux le directeur de la colonie avec sa chemise bleue, ils se rendaient compte de leur oubli. Mais il n'y avait plus rien à faire.

– Pionniers, prêts? s'écria le directeur.

Il considéra les enfants qui s'étaient disposés en fer à cheval, comme ils en avaient l'habitude à l'école. Le salut aux couleurs n'était pas une nouveauté.

Inka compta rapidement. En dehors d'eux, il y avait au moins trois autres classes. Vraisemblablement des enfants de différentes écoles. La plupart avaient son âge, sauf quelques-uns qui étaient plus petits. « On est au moins une centaine! » pensa-t-elle. Plus l'encadrement et les quelques femmes qui les observaient par l'une des fenêtres d'un bungalow, dans lequel se trouvaient certainement la salle de jeu et la cuisine. Elles avaient des blouses et des petits bonnets blancs.

« C'est pareil que chez nous, au foyer. Il ne manque que Mme Kaminsky. » Inka connaissait suffisamment bien la cérémonie; elle pouvait s'abstraire de ce que disait le directeur. En revanche, elle regarda autour d'elle. Entre-temps, le drapeau des pionniers flottait au-dessus de la colonie, à côté du drapeau national avec son emblème : un marteau, un compas et une couronne d'épis.

– ... Nous passerons les vacances avec des pionniers de Leningrad, dit à cet instant le directeur à la chemise bleue.

Inka fixa son attention. Elle était mécontente de ne pas avoir bien écouté.

– Demain matin, des garçons et des filles d'Union soviétique arriveront ici. J'espère que vous leur préparerez un accueil chaleureux.

– Du coup, la baignade, ça tombe à l'eau! murmura Tutty. Ça y est, Carola, elle l'a, son engagement. L'après-midi est fichu!

– Faites la preuve que vous êtes de vrais pionniers! dit le directeur pour les encourager, achevant sur ces mots le salut aux couleurs.

Il était temps d'aller manger. La salle,

dans le grand bungalow, était sympathique et éclatante de propreté. Dans un coin, on avait dressé un grand tableau, tendu de tissu bleu. L'emblème des pionniers était jusqu'à présent la seule chose qu'on y avait accrochée. « C'est sûrement le coin de l'amitié », pensa Inka. Ce tableau bleu était prévu pour recevoir le journal mural. Bon, d'accord! De toute façon, ils étaient une centaine! D'ici à ce que quelqu'un vienne lui demander quelque chose! Ce n'est pas cela qui gâcherait sa bonne humeur! Y compris quand Carola fixa une réunion des responsables de chambre à quatorze heures.

Susanne se laissa persuader. Elle accepta cette fonction, bien qu'à contrecœur.

– Je ne vais pas pouvoir me défaire de Carola, dit-elle en faisant la moue.

Inutilement.

Inka avait donc au moins quelques heures de loisir devant elle. Ce jour-là, elle n'était pas de service de cuisine, bien que la chose ne l'eût pas autant dérangée que ceux qui ne connaissaient pas la vie du foyer. Ils étaient libres, au

moins jusqu'à trois heures. Après, il faudrait se rassembler.
– Il y aura du cacao et des gâteaux pour vous souhaiter la bienvenue, annonça Mme Kirsten, Maxi, la mère de Susanne.
– Celui qui veut se baigner vient avec moi ! dit Maxi.
– Celui qui veut aller au village me suit ! dit Mme Sachs.
– Les livres et les jeux, c'est avec moi ! dit une troisième monitrice.
– Je peux vous donner ce qu'il faut pour faire du sport, promit le directeur, qui se présenta.

Il s'appelait Harald, et tout le monde avait le droit de le tutoyer.

– Ça y est, c'est parti ! constata Tutty avec satisfaction en sortant son maillot de bain de la valise, qu'elle abandonna au milieu de la pièce.

Susanne hésita quelques instants avant de lui dire :
– Tutty, s'il te plaît, fais-moi le plaisir de ranger tes affaires dans l'armoire. Si Carola se met en colère contre nous, on aura des ennuis.

– Tu veux jouer les fayots?

Tutty poussa la valise sous son lit. Mais Inka alla la rechercher et ordonna :

– Sors tes affaires! Susanne a parfaitement raison. On ne va pas se laisser gâcher les vacances par Carola à cause de ton désordre. Parions qu'elle va faire une inspection des armoires!

– La sale vache! grogna Tutty, tout en se dépêchant à présent de ranger le contenu de la valise dans les tiroirs de l'armoire, comme les autres l'avaient fait avant elle.

– Bon, maintenant il faut que j'y aille! dit Susanne en pensant à la première réunion qui devait se tenir chez le directeur.

On voyait qu'elle n'avait guère envie de s'y rendre.

Inka la plaignait un peu. Elle s'imaginait sans mal que Susanne aurait préféré aller avec eux au bord du lac. Elle retira avec précaution la montre de son poignet et la posa sur le petit rayonnage près de son lit. Elle avait déjà enfilé son maillot de bain sous sa robe et quitté ses socquettes. Elle prit encore dans la salle d'eau la serviette qui pendait à la place qui lui avait été attribuée. Une feuille de trèfle était reproduite sur tous les objets qu'elle utiliserait pendant les trois prochaines semaines et qui appartenaient à la colonie. D'autres enfants avaient des champignons, des fleurs, des papillons, des oiseaux. Il y avait aussi des signes tels que des haches d'abordage, des fusils, des tanks et des avions, qui intéressaient essentiellement les garçons. Chacun avait pu choisir son signe.

Inka connaissait ce genre de chose, à cause du foyer; mais, pour la plupart des autres enfants, c'était nouveau, et ils faisaient beaucoup de bruit autour de cette histoire. Inka avait jeté son dévolu sur le trèfle à quatre feuilles. C'était un porte-bonheur.

La serviette à la main, Inka descendit en courant jusqu'au bord du lac. Maxi, quelques garçons et quelques filles étaient arrivés avant elle. Maxi était en train de dire :

– Bien, vous allez commencer par vous reposer pendant une demi-heure, puis vous pourrez vous baigner.

Certains d'entre eux, essentiellement

des garçons, râlèrent avant de se résigner à obéir.

– Pfff! Il fait tellement chaud!

– On ne va pas à l'eau le ventre plein, souligna Inka.

Elle avait dit ces mots non pour se faire bien voir de Maxi, mais parce que c'était ce qu'elle avait appris à l'entraînement.

– C'est exact, confirma la mère de Susanne. Allez, que chacun trouve une place à l'ombre sous les arbres!

Inka s'arrangea pour s'allonger près de Maxi Kirsten. Tutty s'éloigna, car elle n'aimait pas être observée par les adultes.

– Nous ferons aussi des compétitions? demanda Inka.

– C'est une bonne idée, répliqua Maxi. C'est vrai que tu es bonne en natation?

– Je m'entraîne, répondit fièrement Inka. Et j'aimerais bien aussi entrer à l'école de sport.

Ça y était, elle l'avait dit. Maxi savait maintenant à quoi s'en tenir. Peut-être qu'Inka aurait l'occasion d'aller plus souvent à l'eau que les autres, car, en tout cas, elle voulait poursuivre son entraînement, ce qu'elle s'empressa également de dire.

Maxi réfléchit, puis lui fit une proposition :

– Je n'ai pas le droit de laisser quelqu'un se baigner seul, Inka. Je suis responsable de vous. Harald et moi, nous devons vous surveiller pendant les activités sportives. Mais si tu en as envie, et si le temps le permet, nous pourrions nager ensemble. Je pense qu'avant le petit déjeuner ce serait très bien. Tu es d'accord? Je serais ravie d'être accompagnée. Il faudra sûrement que je me force pour plonger dans l'eau froide.

Les yeux d'Inka brillèrent. Elle promit d'être exacte au rendez-vous, chaque matin. La maman de Susanne sourit.

– Tu me feras vraiment un grand plaisir si tu tiens bon. Autrement, je ne sais pas si j'aurai le courage de faire ce qu'il faut pour ma ligne. Quant à Susanne, elle doit se ménager. Elle a les bronches fragiles. De plus, il est indispensable, pendant ces trois semaines, qu'elle apprenne à mieux nager.

– Je sais, dit Inka. Mais on réussira.
– Sûrement, Inka, si tu m'aides.

Maxi lui proposa de la seconder dans tous les jeux d'eau, les compétitions et l'entraînement en vue desdites compétitions. Inka en fut très heureuse. Elle se mit à réfléchir avec ardeur à tous les jeux possibles. Elle allait pouvoir s'en donner à cœur joie!

– Mais il faut que tu veilles à ce que tout se passe bien. Moi, toute seule, je ne peux pas y arriver. Je peux compter sur toi?

– Oui, promit Inka solennellement.

Elle ne s'était pas du tout rendu compte que, grâce à cette discussion, la sieste avait passé bien vite. Elle fut fière quand, devant les autres, Maxi la nomma son adjointe. Ils devraient obéir aux ordres d'Inka aussi exactement que s'ils avaient été les siens.

10. C'est quoi, la liberté?

Le lendemain matin, Inka était déjà réveillée alors que les autres dormaient encore. Elle consultait sans cesse sa montre-bracelet. Elle voulait être exacte au rendez-vous avec Maxi. Quand enfin l'heure arriva, Inka descendit doucement de son lit. Elle avait préparé la veille son maillot de bain. Tutty marmonna quelques mots, mais se rendormit aussitôt. Les autres n'avaient pas bronché.

Pieds nus, Inka courut jusqu'au lac. L'herbe était encore humide. Un peu de rosée pendait aux tiges. Un léger brouillard flottait au-dessus de l'eau, mais le

soleil brillait déjà. La vue était magnifique, Inka n'avait jamais rien vu de pareil. Elle resta plantée là, étonnée, et elle regarda.

Des petites vagues venaient frapper le rivage. Un vent léger les poussait en direction de la terre. Les cygnes qu'Inka avait déjà vus la veille passèrent à nouveau devant elle. Les parents et leurs trois enfants.

Inka fut un peu triste en les voyant. Ils constituaient une vraie famille; les parents s'occupaient beaucoup de leur progéniture.

Maxi s'était approchée sans faire de bruit. Inka ne s'en était pas aperçue.

– Bonjour, Inka, dit-elle. C'est gentil d'être à l'heure.

– Bonjour, répondit Inka. N'est-ce pas que c'est magnifique?

Maxi hocha la tête. Elle admira le paysage. Elle était vraiment belle, dans son bikini rouge, au moment où elle entra lentement dans l'eau. Maxi avait simplement noué ses cheveux blonds sur le haut de la tête. Inka se promit de faire la même chose, une autre fois. Ici, on n'avait pas besoin de bonnet de bain.

L'eau était encore assez froide. Mais Inka s'en moquait. Elle s'y jeta d'un seul coup et nagea dans la direction de Maxi. Tout en l'éclaboussant joyeusement, elle eut à la fois envie de pleurer et de rire. Elle n'avait jamais vécu une chose pareille : un lac entier, rien que pour Maxi et pour elle! C'était autre chose que les bains ou la piscine. C'était tout simplement merveilleux.

Maxi était une bonne nageuse. Pourtant, Inka pouvait parfaitement se mesurer à elle. Elle fut très fière quand Maxi le lui dit.

– A présent, il faut que nous retournions, dit Maxi.

Inka aurait pu continuer encore longtemps comme ça. Avoir le droit de faire ce que l'on veut, être seul à posséder ce que les autres n'ont pas... et la nature, immense et belle, autour de soi : tout cela était nouveau pour elle. Maxi ne la dérangeait pas. Mais Inka savait aussi qu'elle n'aurait cette sensation que si elle allait, chaque matin, nager seule avec elle.

Etait-ce cela, la liberté à laquelle pensaient ses parents? Ses parents... ou les parents de cette fille à qui la lettre était adressée.

Au moment où Maxi lui frottait le dos avec la serviette pour la sécher, Inka lui demanda :

– C'est quoi, la liberté?

Maxi lui frotta le dos avec encore plus d'énergie; Inka avait vraiment bien chaud.

– La liberté..., oui, comment t'expliquer? Tu as eu cette impression pendant que nous nagions?

– Oui.

– Tu vois, moi, c'était pareil. C'est peut-être cela, la liberté : faire ce qu'un instant on aimerait faire. Mais... ça ne marche pas toujours.

Inka sentit combien Maxi le déplorait.

– Même quand on est adulte?

Maxi éclata de rire.

– Nigaude! *Surtout* quand on est adulte! Mais, toutes les deux, nous viendrons dorénavant chaque matin chercher ici une petite part de liberté!

Elle tendit la main en direction du lac

qui, à présent, scintillait dans le soleil levant. On voyait déjà loin, puisqu'on apercevait l'autre rive.

Quelques voiliers s'approchaient. Des mouettes planaient au-dessus de l'eau avant de fondre sur leur proie.

– C'est si beau, dit Inka. Je voudrais toujours vivre comme ça.

Maxi posa le bras sur ses épaules, et elles rentrèrent ensemble à la colonie. Pour rien au monde Inka n'aurait échangé l'heure d'avant le petit déjeuner. Quelque chose de nouveau était entré dans sa vie.

Les pionniers de Leningrad arrivèrent vers dix heures du matin. Douze filles et huit garçons. La réception solennelle que, sur ordre du directeur, Carola avait organisée avec l'aide d'autres enfants

fut un peu rigide. Inka remarqua que les arrivants auraient préféré se déshabiller pour aller à l'eau aussi vite que possible. Le soleil brûlait comme jamais depuis des semaines. Mais chacun savait qu'il fallait d'abord que la partie officielle se déroule. On échangea les foulards de pionnier et, cette fois enfin, Inka put troquer son foulard bleu contre un foulard rouge. Une chance que Mme Nogler l'eût si bien repassé. Puis l'on distribua des cadeaux et l'on prononça de nombreuses promesses. Enfin on put emmener les nouveaux dans leur logement. Pour les accueillir, on avait décoré les chambres avec des bouquets de fleurs et des petits drapeaux.

Le premier pas fut bientôt franchi. En peu de temps tout le monde se comprenait déjà fort bien. Quelques mots en

russe, quelques phrases en allemand, auxquels on ajoutait des gestes pour traduire les mots que l'on n'arrivait pas à trouver. Et sans arrêt des éclats de rire, à cause des malentendus.

Inka, Susanne et Tutty se lièrent vite d'amitié avec une fille qui s'appelait Svetlana et qui venait de Leningrad même. Le sachet en plastique qui contenait les chocolats russes retrouva ses belles rondeurs, Svetlana ayant apporté un gros paquet de confiseries, lors de sa première visite au Trou des souris en vacances.

Puis on retourna au lac. L'eau avait une température supérieure à vingt degrés. Inka organisa des jeux, des petites compétitions, tout en apprenant à ceux qui n'osaient pas beaucoup jouer dans l'eau comment nager sans trop dépenser d'énergie. Elle était très heureuse, et tout ce qui l'avait rendue triste, quelques jours auparavant, était presque oublié.

Néanmoins, il fallut bientôt se rappeler que les vacances n'étaient pas faites pour passer la journée au soleil. Tout cela à cause de Carola, mais personne n'osa lui dire son fait franchement.

Harald annonça qu'un jour prochain on irait faire une excursion à Potsdam. Chaque enfant pouvait proposer ce qu'il avait envie de voir. Presque tout le monde cria en chœur : « Le château de Sans-Souci*! » Harald nota. On forma les groupes, avec pour chacun une accompagnatrice. Maxi ne pourrait pas venir. Il fallait qu'elle se rende à Berlin, dit-elle d'un air mystérieux. Même Susanne ne réussit pas à savoir de quoi il s'agissait.

A cet instant, Carola prit la parole :

– Je trouve qu'il vaudrait mieux que nous allions à Cecilienhof, pour visiter le mémorial du traité de Potsdam. Cela nous permettrait d'apprendre comment...

* Le château de Sans-Souci a été construit sur commande du roi de Prusse Frédéric II, à un moment où chaque souverain allemand voulait avoir son « petit Versailles ». Le château de Cecilienhof, lui, se trouve non loin de là. C'est dans un de ses bâtiments que furent signés en 1945 les accords de Potsdam qui entérinent la fin de l'Allemagne nazie et fixent les bases d'une autre Allemagne divisée en deux Etats.

– Pffff! s'écrièrent quelques enfants.
– Nous devons bien cela à nos amis soviétiques.

Carola avait prononcé ces mots d'une façon telle que plus personne n'osa la contredire. Mais l'ambiance n'était plus la même.

L'après-midi, au bord du lac, les amies en reparlèrent. Svetlana, étendue sur une couverture entre Inka et Tutty, demanda quel était l'objet de la querelle qui avait éclaté au moment où l'on avait proposé d'aller à Potsdam. Elle n'avait pas très bien compris.

– On va tout le temps visiter des mémoriaux, rouspéta Tutty. J'en ai ras le bol! Le château du vieux Fritz, ça serait mieux.

Svetlana fut de son avis.

– Nous avons aussi beaucoup d'endroits historiques à Leningrad. Mais le château est plus sympathique. Pourquoi pas le château *et* un monument historique? A Berlin, il y a le mémorial de Treptow.

– Formidable, Svetlana! Ça, c'est une idée! dit Tutty avec enthousiasme. Je vais raconter ça à Harald! Carola va être en pétard de ne pas y avoir pensé.

Mais, lorsqu'elle avoua pourquoi elle voulait absolument aller à Berlin, au mémorial soviétique de Treptow, Inka se sentit un peu mal à l'aise.

– C'est le meilleur moyen de ficher le camp et de pouvoir faire ce qu'on veut. J'en ai ras le bol d'être tout le temps avec tout le monde. C'est pareil qu'au foyer !

Svetlana était ravie.

– Ça serait chouette d'aller à Berlin !

Tutty lui avait appris ce nouveau mot, et Svetlana l'utilisait chaque fois qu'elle pensait pouvoir l'employer. A vrai dire, elle n'avait pas bien saisi en quoi consistait la proposition de Tutty.

Susanne ne disait rien. Elle écoutait. Tout à coup, elle prit la parole :

– Il suffit simplement de se perdre dans le métro.

Ce n'était pas l'habitude de Susanne de faire ce genre de proposition.

Tutty s'écria, toute joyeuse :

– Vous avez entendu ? C'est la petite qui fait les meilleures propositions !

Entre-temps, Svetlana avait compris de quoi s'il s'agissait.

– Le mémorial soviétique..., dit-elle doucement.

Elle était honteuse que ce monument fût le prétexte à des initiatives personnelles, mais ses yeux brillaient à l'idée de faire quelque chose qui sorte de l'ordinaire.

Tutty exposa son projet à Harald. C'était évidemment le meilleur auquel on pouvait penser. Carola ne put faire aucune objection. Effectivement, elle s'en voulut de ne pas avoir eu cette idée et, bien sûr, elle désira être du voyage. Elle constitua un groupe de pionniers allemands et soviétiques qui iraient au mémorial de Treptow au lieu de se rendre à Potsdam. Carola proposa également sans plus attendre d'aider Harald à conduire et à surveiller le groupe.

– Je connais très bien Berlin, dit-elle. J'y suis déjà allée plusieurs fois.

Inka, Susanne et Svetlana étaient tristes à l'idée que l'ingérence de Carola puisse modifier leur plan. Mais Tutty les consola :

– C'est pas notre faute, si on se perd!

On connaît pas Berlin aussi bien que Carola. Elle sait tout mieux que les autres!

Elles se mirent donc à combiner en secret le plan de leur escapade. Elles comptèrent leur argent de poche et cherchèrent sur le guide de Berlin qu'Harald leur avait prêté tout ce qu'elles avaient envie de voir.

– La tour de télévision!

– Le palais de la République!

– Le Kurfürstendamm, dit Inka.

Elle avait vu cette avenue à la télévision un après-midi, alors qu'elle était invitée chez une camarade de classe.

Tutty se frappa le front.

– T'es pas folle? C'est à l'Ouest. Derrière le mur.

– Le mur? demanda Svetlana.

– Oui, de l'autre côté de la frontière, précisa Susanne. Dans la partie ouest de Berlin. On ne peut pas passer de l'autre côté. C'est comme si, à Leningrad, tu ne pouvais pas aller dans un autre quartier, parce qu'il y a un grand mur.

Svetlana n'arrivait pas à comprendre.

– C'est aussi des Berlinois qui habitent là-bas?

Les autres ne parvenaient pas à lui expliquer la situation, qui n'était pas claire pour elles non plus. C'était ainsi.

Tutty n'avait plus aucun scrupule. Elle voulait profiter de l'escapade pour rendre visite à ses parents.

– De toute façon, ils me doivent quelque chose. Ça fait un bout de temps qu'ils m'ont pas envoyé d'argent de poche.

Inka eut un doute.

– Et s'ils ne sont pas là?

Tutty éclata de rire :

– N'aie pas peur. Avant midi, ma mère sort pas de la maison. Sûr qu'elle dort jusqu'à onze heures.

Susanne dut s'engager à ne rien dire.

– Je le jure, dit-elle solennellement.

D'ailleurs, les autres la crurent, car Susanne avait promis que l'on pourrait, pendant ces vacances, compter sur elle. Elle en avait assez d'être toujours surveillée par sa mère.

– Je ne suis plus un bébé!

Inka était incapable de concevoir cela. Elle aurait été heureuse si Maxi s'était encore plus occupée d'elle!

« J'aimerais qu'elle soit ma mère », pensa-t-elle.

11. Pourvu que personne ne le sache!

Souvent Inka s'allongeait dans une des barques qui appartenaient à la colonie. Elle ramait jusqu'à une petite baie et poussait le bateau dans les roseaux. Elle était heureuse d'avoir découvert cette cachette, dès le deuxième jour. Au début, elle n'avait pas su se servir des rames, mais un garçon lui avait montré comment faire et Inka avait vite compris.

Elle pouvait enfin être seule et réfléchir en toute quiétude à ce qui lui arrivait. Elle se garda bien d'en parler à qui que ce soit, même pas à Tutty, sinon finie la tranquillité!

Inka mit son peignoir de bain sous sa tête et regarda le ciel. C'était magnifique! Les nuages s'effilochaient. Les roseaux bruissaient et froufroutaient. Des libellules venaient même se poser sur les herbes. Sur l'eau flottaient des nénuphars jaunes.

Depuis toujours, elle avait eu envie de rester comme ça, étendue à contempler le ciel. C'était sa première colonie au bord d'un lac. Et cela correspondait exactement à ce qu'elle avait lu dans les livres.

Les autres fois, elle était toujours allée à la montagne. En colonie, il était difficile de rester seul. La plupart du temps, il y avait des promenades en groupe, et l'on était constamment surveillé par les grands. Aujourd'hui, elle faisait partie des grands. On lui avait même donné une fonction. Elle était coresponsable des compétitions et des jeux dans l'eau. Susanne lui avait aussi demandé de lui indiquer quelques trucs pour mieux nager et ne pas perdre le souffle.

Pourtant, les meilleurs moments dans cette colonie étaient ceux où elle pouvait s'appartenir complètement. Elle avait toujours rêvé d'avoir un endroit à elle toute seule. Une pièce où elle ne serait pas dérangée par quelqu'un chaque fois qu'elle voudrait réfléchir à quelque chose; une pièce où les autres ne pourraient pas venir fouiller dans ses affaires et où elle aurait le droit de faire ce qu'elle voudrait. Y compris simplement de ne rien faire du tout.

Mais au foyer, ce n'était pas possible. Les autres étaient constamment là, qui parlaient fort, vous prenaient vos affaires ou se bagarraient. C'est la raison pour laquelle Inka aurait tant aimé quitter le foyer et entrer dans une famille. Elle s'imaginait que ce devait être beau. Parfois, quand elle rendait visite à une camarade de classe qui possédait sa propre chambre, elle était très triste de retourner au foyer.

Une fois, elle avait punaisé au mur, près de son lit, des photos en couleurs. Quand Mme Sachs avait vu cela, elle l'avait obligée à les retirer, et les belles images avaient abouti dans la corbeille à papier.

– Si tout le monde faisait la même

chose, avait dit Mme Sachs, il faudrait retapisser tous les deux ans. Chez nous, ça ne se fait pas !

Quand ils avaient la permission de regarder la télévision, c'était un bavardage continuel pendant les émissions. La plupart du temps, on ne comprenait pas bien ce qui se passait. Il était de toute façon interdit de prendre les chaînes de l'Ouest. Chaque fois que, le lendemain, à l'école, les autres parlaient des films formidables qu'ils avaient vus, Inka restait là à les écouter, sans pouvoir participer à la discussion. Toujours les mêmes mots :

– Ah ! c'est vrai, vous n'avez pas le droit !

Certes, il ne fallait pas que M. Kallmus le sache. Il disait chaque fois, en évoquant ces films :

– L'ennemi de classe répand son poison par le canal de la télévision !

Mais Inka aurait bien aimé voir une fois un des westerns dont les autres parlaient.

Un jour, Alwin Hammer avait été obligé de quitter un pull-over que sa grand-mère, qui habitait à Brême, lui avait envoyé. Il y avait dessus des rayures et des étoiles, et Alwin en était très fier. En revanche, M. Kallmus était furieux !

– Tu te déguises en Américain, maintenant, pour venir au cours d'instruction civique ? Retire-moi ça immédiatement !

Alwin Hammer avait dû passer tout le reste de l'heure en maillot de corps.

Inka avait emporté son journal avec elle dans la barque. Elle feuilleta rapidement les premières pages pour ne pas voir la cachette. Elle ne voulait pas, à cause du contenu de la lettre, gâcher sa bonne humeur. Les mots écrits ne lui étaient certainement pas destinés. Il y avait beaucoup de filles qui s'appelaient Ina. Sûrement que sa mère aurait écrit Inka ou un autre petit nom gentil.

Maxi est extraordinaire, nota-t-elle. *Je ne comprends pas du tout Susanne. Je pense parfois qu'elle ne peut vraiment pas souffrir sa mère. Elle m'a dit : « Tu t'imagines que Maxi est tout le temps comme ça ? C'est uniquement pendant les vacances. D'habitude, il n'y a que son entreprise qui importe. Le soir, je suis souvent toute seule, parce que mon père assiste à une réunion où il doit prendre la parole. J'aimerais avoir une sœur... une sœur comme toi... »*

Inka posa son stylo à bille sur le banc, puis son journal. Elle avait besoin de réfléchir. Elle avait du mal à s'imaginer que quelqu'un, le soir, ne rentre pas chez lui, alors qu'il a une si belle maison. Susanne était certainement trop gâtée. Elle avait la permission de tout faire, même d'appeler sa mère Maxi et son père Papa-Pagaille, parce qu'il laissait ses affaires traîner partout. Cela dit, le père de Susanne était un homme important. Il était juge et avait tout bonnement la possibilité d'enfermer dans une prison les gens qui avaient fait quelque chose de mal. Est-ce qu'il lui était arrivé d'envoyer en prison des gens comme sa mère?

Inka était fâchée : la lettre lui revenait sans cesse à l'esprit. Elle aurait bien aimé pouvoir l'oublier. Mais elle n'y parvenait pas.

L'homme qui avait été son père s'appelait Jochen et la femme – sa mère – Katja. A la condition qu'ils fussent vraiment ses parents. Plus Inka réfléchissait, plus elle souhaitait ardemment qu'il s'agisse d'une confusion. Peut-être y avait-il dans la lettre quelque chose qui permît de comprendre que ce n'était pas d'elle qu'il était question?

A cet instant, Inka sortit la lettre de sa cachette et se mit à la parcourir. C'était autre chose de lire ainsi, au calme et à la lumière du jour, plutôt que la nuit, sous la couverture, avec sans cesse la peur d'être dérangée. Les choses prenaient une autre dimension. Elle lisait et elle éprouva tout à coup une sorte de sympathie pour l'histoire de ces gens, même si elle ne voulait pas accepter que ce fût l'histoire de ses parents :

... Il faisait nuit noire, lorsque nous arrivâmes à proximité du dispositif de sécurité des frontières. Jochen, ton père, avait choisi cette nuit-là, parce que la lumière de la lune ne pouvait nous trahir. J'avais peur, terriblement peur. Je claquais des dents. Mes jambes refusaient de me porter.

– Viens, il faut que nous continuions, Katja, dit ton père.

Il me prit un instant dans ses bras et me donna un baiser. Comme si j'avais deviné que c'était le dernier, je m'accrochai à lui et je le suppliai de faire demi-tour.

– Il est trop tard pour revenir en arrière, Katja, dit-il, et nous continuâmes.

Je n'avais qu'un sac à dos, afin de pouvoir mieux courir au cas où nous serions découverts. Tous les papiers importants étaient dans le bagage de ton père. Son sac était beaucoup plus lourd que le mien, puisqu'il portait les outils qui devaient permettre de couper les barbelés.

Le sous-bois que nous devions traverser pour atteindre la zone déboisée s'accrochait aux jambes de mon pantalon. Mes chevilles saignaient. Au moment où nous nous arrêtâmes pour reprendre haleine, je dis :

– Et s'il y avait des mines et des installations de tir automatique?

– Pas chez les Tchèques! Il n'y a qu'en RDA que c'est comme ça.

Nous continuâmes à marcher à tâtons. Tout à coup, le sous-bois s'éclaircit. Nous vîmes devant nous les barbelés. Derrière, il y avait une large bande de terre labourée; chaque sillon était semblable au suivant. De la main, ton père me fit signe de m'arrêter. Nous n'avions plus le droit de parler. Il fallait éviter de faire le moindre bruit. Il me montra l'autre côté. Je savais ce qu'il voulait me dire : la liberté est toute proche. Puis il rampa jusqu'aux barbelés, les outils à la main. Je restai avec les sacs à dos, à l'abri du sous-bois. Mon cœur battait très fort. Si fort que je crus qu'on pouvait l'entendre. Je tressaillais au bruit métallique de la pince coupant les barbelés. Si j'avais pu me boucher les oreilles!... Clac!... Clac!

Et c'est alors que se produisit l'horreur qui allait me marquer pour le reste de ma vie. La lumière crue de plusieurs torches électriques se posa exactement à l'endroit où était ton père. Il bondit, voulut s'enfuir, se trouva pris dans les barbelés. Au même instant, les gardes tchèques crièrent des mots que je ne pouvais comprendre.

Ton père s'arrachait aux barbelés. Les pistolets mitrailleurs tiraient. Il tomba sur les treillages métalliques et y resta suspendu.

Sans réfléchir, je courus pour le secourir. Comme je me penchais sur lui, les gardes me rejetèrent en arrière.

Et ce fut l'enfer. Je ne sais pas d'où avaient bondi les gardes et les chiens, qui ne cessaient pas d'aboyer. Il y avait plein de monde, mais personne ne vint au secours de ton père qui criait de douleur. Ils s'adressèrent à moi. Ils me demandèrent quelque chose que je ne compris pas. Moi, je continuais de les supplier :

– Il faut le secourir! Il saigne!

Tout à coup, le silence se fit. Ton père avait perdu connaissance. L'un des gardes dit en allemand :

– Allez! en route!

Il me poussa en avant, dans l'obscurité.

Je me débattis. Je voulais revenir en arrière. On me retint. On me bouscula pour que j'avance. Tant que je pus encore voir quelque chose, je me retournai. Mais je ne vis personne aller au secours de ton père.

Je fus accusée d'avoir voulu quitter la RDA et traduite en justice. Il fallut attendre le procès pour que j'apprenne que ton père était mort à la frontière tchèque. Je pense qu'il vivrait encore s'ils ne l'avaient pas laissé se vider de son sang...

Inka, assise dans sa barque, sous les rayons du soleil, vit toute la scène se dérouler devant ses yeux. Des larmes coulaient sur ses joues. Elle pensa : « Pourquoi personne n'est-il venu l'aider? Pourquoi l'ont-ils laissé se vider de son sang dans les barbelés? »

Et puis : « Pourquoi ont-ils voulu s'en aller? Et en plus, pour passer chez l'ennemi de classe? Quel est donc le sens du mot " liberté "? »

Elle avait lu et relu la lettre. Sans cesse, elle était tombée sur ce mot. Maxi lui avait donné une explication complètement différente : la liberté, c'était quelque chose de sympathique, quelque chose de beau. Mais ici? En face de ce mot se dressaient des barbelés, sur lesquels des hommes se vidaient de leur sang.

Inka se mit soudain à haïr le mot « liberté ». Il lui avait enlevé ses parents. Elle rencontrait des difficultés parce qu'elle était la fille de gens qui avaient trahi la République. S'ils avaient fait cela, pourquoi sa mère ne lui fichait-elle pas la paix à présent? Est-ce qu'elle ne pouvait pas rester tout simplement à l'Ouest et ne plus faire parler d'elle? N'avait-elle pas là-bas la liberté qu'elle avait voulue?

Pourvu que personne ne sache rien de tout cela!

Carola, par exemple..., ou Maxi! Non, jamais Maxi ne le saurait. Sinon, elle ne permettrait pas qu'Inka occupât une fonction dans la colonie. Et ce serait quelqu'un d'autre qui préparerait les compétitions.

Inka prit son crayon à bille et écrivit :

Susanne devrait s'estimer heureuse d'avoir un père qui court chaque soir de réunion en réunion, un père qui ne veut pas franchir la frontière pour conquérir la liberté. Moi, j'aimerais avoir un père qui fréquente les réunions, car alors, à l'école de sport, ils seraient obligés de m'accepter. Le père de Susanne a même été décoré de l'ordre du Mérite national en argent, parce qu'il est un bon juge. Il n'admet pas que l'ennemi nuise à notre République. Ça, c'est un père!

Puis elle ferma soigneusement son journal à clef et le mit sous son peignoir de bain.

12. La famille Kirsten

Inka portait toujours sa montre-bracelet, sauf quand elle se baignait. Elle regarda l'heure : il était temps de rentrer à la colonie. Aujourd'hui, un écrivain devait venir et présenter son livre. Inka n'était pas spécialement enthousiaste. Elle pensait qu'ils allaient être obligés de rester assis pendant deux heures à l'intérieur, alors qu'il faisait si beau.

En outre, Harald avait dit qu'il fallait absolument qu'ils mettent leur foulard de pionnier. Ils s'étaient procuré des fleurs et des gâteaux secs. Une grande quantité de gâteaux secs pour ceux qui assisteraient à la lecture.

Après qu'elle eut amarré la barque au ponton, elle se dirigea vers la colonie. Maxi s'avançait à sa rencontre, accompagnée d'un homme qu'Inka ne connaissait pas. S'agissait-il du père de Susanne, celui qui intervenait tout le temps lors de réunions?

Inka salua poliment. Elle avait l'intention de passer rapidement. Mais Maxi la retint.

– Voici Inka, dit-elle en s'adressant à l'homme.

Inka en fut gênée. Elle était tellement émue que son journal glissa de dessous son peignoir de bain. L'homme se baissa et le ramassa.

– Regardez-moi ça : une jeune collègue, dit-il en lui rendant son journal. Je suis Frank Birkholz. Bonjour, Inka.

Inka fit rapidement disparaître le gros cahier sous son peignoir.

Ce monsieur était donc l'écrivain. Il n'avait pas l'air de quelqu'un qui écrit des livres. C'était un homme simple qui tendait la main.

– Tu écris un journal? demanda-t-il.

Inka hocha la tête. Elle était si embarrassée qu'elle rougit.

– Tu écris également d'autres choses? Des histoires ou des poèmes?

– Non, seulement un journal!

Inka avait senti la peur la pénétrer jusqu'à la moelle des os. « Pourvu qu'il n'exige pas que je le lui montre! Tout serait découvert! Non, surtout pas cela! »

Si elle l'avait pu, elle aurait adressé une prière au Dieu d'Angelika pour qu'il empêche l'écrivain d'avoir cette idée.

Mais celui-ci se contenta de dire :

– On commence souvent par un journal. Continue à noter tes idées, Inka. Tu tiens cela de tes parents? Ils écrivent peut-être, eux aussi?

Il lui souriait avec gentillesse.

– Non, répondit-elle, fâchée. Non, je n'ai pas de parents.

Déconcerté, l'écrivain dévisagea Maxi qui s'empressa de caresser Inka et de lui dire :

– Allez! tu peux filer. Je vais tout lui expliquer.

Maxi prit la direction du lac en compagnie de l'écrivain.

Inka était soulagée. Elle serra le peignoir sur son journal et se hâta de se réfugier dans sa chambre pour le cacher le plus vite possible sous son matelas.

« Jamais plus, se jura-t-elle, jamais plus je ne l'emporterai avec moi dehors. »

Les pionniers soviétiques assistèrent aussi à la lecture. Ils avaient même mis leur chemise blanche, comme pour un jour de fête. Svetlana était très énervée. Elle apprenait par cœur un texte que Harald lui avait écrit sur une feuille de papier. Elle avait été choisie pour saluer l'écrivain et lui nouer son foulard rouge autour du cou. Inka se demanda où elle l'avait trouvé, puisqu'à leur arrivée tous les pionniers soviétiques avaient échangé le leur contre celui des pionniers de la RDA. Depuis ce moment-là, Inka en avait un rouge. Boris, un pionnier soviétique, portait le sien.

L'écrivain devrait conserver son foulard autour du cou. Il ne pourrait même pas le retirer pendant qu'il lirait son histoire. « J'espère que Svetlana n'a pas trop serré le nœud, pensa Inka. Il va sûrement suffoquer, avec la chaleur qu'il fait. »

Le récit qu'il lut évoquait l'amitié entre des pionniers soviétiques et allemands. La lecture achevée, il dit :

– Allons nous asseoir dehors sous les arbres. Ce sera plus facile de parler de cette histoire. Il fait si beau !

Ils furent bientôt assis en demi-cercle autour de l'homme qui écrivait pour eux des histoires si passionnantes.

Harald les invita à prendre la parole :

– Vous pouvez interroger M. Birkholz sur ce que vous avez envie de savoir.

Carola fut la première à intervenir. Elle avait d'ailleurs distribué des bouts de papier portant les questions à poser à l'écrivain. Celles-ci avaient été préparées au cours d'une réunion avec le directeur. Inka avait été mise à l'écart de la distribution. Elle avait pourtant une question. Avait-elle le droit de parler ? Comme elle n'en savait rien, elle commença par attendre que les autres aient fini.

– D'où vous viennent les idées qui sont à la base de vos œuvres ?

– Combien de livres avez-vous écrits?
– Quel est votre livre préféré?
– Est-ce que vous avez aussi des enfants, et est-ce qu'ils ressemblent à ceux qui apparaissent dans vos livres?
– Est-ce que vous étiez un bon élève et quelle note aviez-vous en allemand?

Frank Birkholz répondait gentiment. Inka se dit : « Il sera heureux quand ce sera terminé. » Soudain, un garçon posa une question qui fit visiblement sursauter Carola quand elle l'entendit :

– Est-ce que vous êtes obligé d'écrire tout le temps des histoires dans lesquelles les pionniers réalisent de bonnes actions?
– Ça ne t'a pas plu?
– Si, si, c'était très intéressant, mais j'aime aussi les histoires qui se passent dans d'autres pays.

Avant que l'écrivain ait pu répondre, Harald rétorqua :

– Il faut que les livres fassent de vous de bons pionniers...
– Mais je pense que la lecture doit être un plaisir! s'écria Inka, sans avoir demandé la parole.

Tous les regards se tournèrent vers elle.
– Oui..., je croyais...
L'écrivain était heureux que quelqu'un intervînt spontanément.
– Oui, dit-il, il faut que les livres apportent du plaisir. C'est ce que nous essayons de faire. Inka a raison. Tu peux tranquillement écrire tout cela dans ton journal, Inka!
Et voilà qu'il était à nouveau question de son journal! Inka se fit toute petite. Elle aurait voulu pouvoir disparaître. « Si les autres savent que tu as ton journal intime avec toi..., je te souhaite bien du bonheur! »
Le tableau lui parut si épouvantable qu'elle n'écouta plus les paroles prononcées. Elle fut soulagée quand enfin la voiture de l'écrivain quitta la colonie. Est-ce qu'il n'aurait pas mieux fait de se taire?
Bien sûr, Carola fut la première à revenir à la charge.
– C'est chouette que tu écrives un journal, dit-elle. Tu peux, sans attendre, t'occuper de celui de la colonie. Nous l'avons promis à nos parrains. Ils en ont

besoin dans le cadre de l'émulation socialiste. Montre-moi ce que tu as déjà écrit.

– T'es pas folle! s'écria Inka en la repoussant. C'est pour moi toute seule!

– Dans un collectif, rien ne peut être pour toi toute seule. Nous formons ici un collectif, ni plus ni moins qu'à l'école. Allez, montre-moi ce que tu as écrit.

– Non!

Inka tourna les talons et s'en fut.

Elle était furieuse. Elle avait peur. Comment allait-elle s'en sortir? Qui pouvait lui venir en aide?

Maxi! Oui, elle pourrait sûrement lui donner un conseil.

Maxi était au bord du lac. Elle avait de l'eau jusqu'aux genoux et elle surveillait Susanne qui, pour la première fois, s'éloignait un peu de la rive.

Inka vint se planter à côté d'elle. Elle était vraiment fière que Maxi se baigne avec elle tous les matins. Uniquement avec elle. Ce que Maxi ne pouvait faire avec Susanne. Pendant cette demi-heure, Inka profitait de Maxi pour elle toute seule.

Inka fut d'avis, en voyant les efforts de Susanne, que celle-ci nageait beaucoup trop vite :

– Elle va s'essouffler. Il faut d'abord qu'elle apprenne sur l'herbe les exercices de respiration.

Maxi lui donna raison.

– Mais il faut aussi qu'elle combatte sa peur du lac. Elle se figure qu'il y a sous l'eau des poissons gluants et des crabes qui vont lui mordre les pieds!

Elles éclatèrent de rire, bien qu'Inka eût l'impression que Maxi n'était pas d'humeur à rire. Aussi jugea-t-elle que le moment était favorable pour parler avec elle du journal, puisque cette conversation permettait à Maxi de penser à autre chose.

– Carola veut que j'écrire le journal de la colonie, dit-elle prudemment. Est-ce qu'il faut que j'accepte?

– Reviens, maintenant! cria Maxi en faisant signe à Susanne, qui fit immédiatement demi-tour et se dirigea vers la rive.

Maxi sortit de l'eau et vint se mettre à

côté d'Inka, qui s'était assise dans l'herbe sous son arbre favori. Inka savait que Maxi allait lui répondre. Elle n'était donc pas pressée et elle attendit.

– Si cela te fait plaisir, fais-le! A moins que cela ne t'ennuie, étant donné que c'est Carola qui te l'a demandé?

– Elle ne me l'a pas demandé, grogna Inka. Elle me l'a ordonné, comme toujours. Et est-ce qu'elle a le droit de lire mon propre journal, sous prétexte que nous faisons partie du même collectif?

– Non, dit Maxi sur un ton très décidé. Elle n'en a pas le droit. Elle veut le faire?

– Oui. Elle a dit que nous allions immédiatement pouvoir nous en servir. Mais ce que j'y ai écrit ne regarde que moi.

– C'est ton journal, et il n'est pas fait pour les autres. Ecris autre chose pour le journal de la colonie, si tu en as envie.

Inka était soulagée. Avec Maxi, les choses étaient moitié moins dangereuses.

– T'es superchouette! dit-elle en l'embrassant bien vite sur la joue, avant qu'elle s'en aille.

Dans la salle commune, elle s'assit à une table vide et se mit à écrire une carte postale à Mme Nogler :

Chère Madame,

Ici, c'est vraiment formidable. Je peux nager tous les jours. Maxi est extraordinaire. C'est la maman de Susanne.

Avec les meilleures salutations d'Ina Karsten.

Le lendemain, elle fit la connaissance du père de Susanne. Il était venu chercher Maxi pour l'emmener à Berlin. « Ce n'est que pour quelques jours », dit Susanne, parce que Inka était triste.

Lorsque Susanne présenta Inka à son père en disant qu'elle était sa meilleure amie, Inka fut très gênée. Une chance que Tutty n'ait pas été dans les parages! Elle aurait été fâchée pour le reste de la journée. M. Kirsten était venu avec sa Wartburg et non avec la voiture de service. Inka eut la permission de monter derrière avec Susanne pour faire un petit tour. Ils prirent la route qui mène à Potsdam. Dans cette ville, ils mangèrent une grosse glace, puis revinrent à la colonie. Pour Inka, c'était comme si elle était entrée au paradis. Elle n'arrivait absolument pas à comprendre que Susanne n'accordât aucune importance à cette sortie et qu'elle n'eût demandé à son père de faire cette promenade que pour Inka. Quel dommage que M. Kirsten emmenât Maxi à Berlin pour trois jours!

Susanne prit un air mystérieux et lui murmura :

– Tu sais, en septembre, nous allons habiter à Berlin. Papa-Pagaille est muté à la Cour suprême. Actuellement, ils visitent des logements.

Inka fit une grimace, comme si elle était sur le point de pleurer :

– Alors tu vas quitter Leipzig! Et Maxi aussi!

– Oui, dit Susanne, en changeant de visage. Mais pendant les vacances tu pourras venir nous voir. C'est d'accord?

Inka était persuadée que Susanne aussi en avait envie. Elle accepta donc, bien qu'elle doutât que ce fût possible.

Le voyage à Berlin coûtait sûrement très cher.

– Est-ce qu'il y a aussi une piscine couverte, à Berlin ? demanda-t-elle.

Susanne avait retrouvé sa bonne humeur :

– Bien sûr ! Et je serai définitivement débarrassée de cette imbécile de Carola. Elle n'arrête pas de dire que je fais tomber la moyenne de la classe à cause de mes mauvais résultats en gym. Mais pendant ces vacances, je vais encore lui montrer de quoi je suis capable !

– A moi, elle me dit la même chose à cause des maths, dit Inka en riant.

Cependant, elle soupira en pensant qu'après les vacances, elle allait devoir refaire des mathématiques. Elle l'avait fermement promis à Mme Nogler.

13. Sauvetage et malentendu

Harald remplaça Maxi pour surveiller les jeux au bord du lac et dans l'eau. Le plaisir fut deux fois moindre : Inka n'était pas du tout aussi indépendante qu'avec Maxi. Mais le temps avait changé, et peu d'enfants avaient envie d'aller dans l'eau. Inka tint bon et continua son entraînement, bien qu'elle n'eût pas le droit de s'éloigner de la rive. Elle s'en moquait un peu. L'essentiel était de s'entraîner.

– Si seulement tu avais la même volonté en maths, lui dit Carola pour la provoquer.

Inka comprit qu'elle était jalouse. Carola aurait aimé être aussi bonne en sport qu'elle. Mais il n'y avait rien à faire. Inka était la meilleure.

Pour ne pas irriter Carola davantage, Inka s'était chargée de rédiger les comptes rendus qu'ils enverraient à Leipzig, pour le journal de la brigade* qui les parrainait. Il fallait en outre qu'elle écrive un article pour le journal mural de la colonie, ce qui lui semblait la chose la plus difficile à faire. Le thème de ce journal était : « Les jeunes pionniers luttent pour la paix. » Qu'est-ce qu'on pouvait bien raconter là-dessus? Inka était assise dans la salle de jeu et rongeait son crayon.

Soudain, son attention fut attirée par un bruit. Ravie de pouvoir s'arrêter, elle laissa ses affaires sur la table. Le bruit

* Dans l'entreprise, les ouvriers sont groupés en brigades de douze à dix-huit. Chaque brigade fixe son plan de production en fonction du plan annuel de l'entreprise, cherche à améliorer les processus de fabrication, les machines, la qualité des produits. Elle a aussi un rôle social : elle aide ceux de ses membres qui ont un problème; elle parraine, comme c'est le cas dans ce livre, une classe, qu'elle soutient dans son travail scolaire, ses loisirs, etc.

venait du lac. Des garçons et des filles entouraient Carola et criaient :

– Vite! plus vite! plus vite!

Inka courut à toute vitesse jusqu'à la rive. Ils font une compétition? Sans moi?

Où était Harald? On n'avait pourtant pas le droit de se baigner quand il n'était pas là. Il l'avait bien dit.

A bonne distance du bord, on voyait une tête émerger de l'eau. Un garçon d'un autre groupe tenait à la main une montre qui lui servait de chronomètre et criait avec les autres.

– Vous êtes fous! hurla Inka. C'est défendu!

Elle venait de se rendre compte que quelque chose se passait qui pouvait mal finir. Les autres enfants ne l'entendirent pas.

– Hourrah! crièrent-ils au moment où la nageuse atteignit la bouée. Elle y est arrivée! Elle est exactement dans les temps!

Inka eut un coup au cœur. Elle venait de reconnaître la nageuse, qui se tenait à présent à la bouée et qui tournait le visage vers le rivage. Elle avait un bonnet de bain jaune : c'était Susanne.

– Qui a fait ça? hurla-t-elle. Qui?

Mais personne ne l'écoutait. Les spectateurs se dispersèrent. La course terminée, la chose n'avait plus d'intérêt.

Inka saisit Carola par l'épaule et la maintint avec fermeté :

– Qui a fait ça?

– Espèce d'idiote! dit Carola. Ne prends pas tes grands airs! Quand Maxi n'est pas là, tu n'as rien à dire. Après tout, c'est moi qui suis responsable de la bonne moyenne de notre collectif. Sois contente que Susi puisse montrer ce dont elle est capable. Pour une fois qu'elle sort des jupes de sa mère...

– C'est toi qui as fait ça, c'est toi! Fayot!

Inka était tellement en colère que Carola se vexa et partit sans demander son reste.

Inquiète, Inka regarda en direction de la bouée pour voir où Susanne en était. Elle venait juste de la lâcher. Les autres s'étaient depuis longtemps remis à jouer dans le pré et ne lui prêtaient plus aucune attention. Inka retira son tee-shirt et le jeta dans l'herbe. Puis elle quitta ses sandalettes et son short. Elle avait toujours son maillot de bain sous ses vêtements, même quand elle ne comptait pas nager. Elle posa sa montre à côté de ses affaires.

Elle allait se lancer à la rencontre de Susanne, même si elle devait enfreindre l'interdiction de se baigner sans surveillance.

Avant même qu'elle entre dans l'eau, l'appel au secours de Susanne lui parvint. Si faible qu'aucun des autres enfants, pris par le jeu, ne l'avait entendu.

« J'espère qu'elle va tenir, pensa Inka. Il y a des courants à cet endroit. Il aurait fallu une barque... Si seulement je nageais plus vite... Susanne... J'arrive... Il faut que tu tiennes encore un peu... »

Devant elle, elle voyait le bonnet jaune de Susanne, puis la tête disparaissait sous l'eau. Comme elle était loin!

– Au secours! Au secours!

– J'arrive, Susanne! Tiens bon! J'arrive!

Inka fit un dernier effort et réussit à

l'agripper par les bretelles de son maillot avant qu'elle disparaisse encore une fois.

Les mains de Susanne se crispèrent sur ses bras. Elle l'entraînait vers le fond. De l'eau lui entra dans la bouche. Inka ne pouvait plus respirer. Elle se sentit comme prise dans un tourbillon et, au prix d'un suprême effort, elle se débarrassa de son amie afin de pouvoir revenir à la surface et avaler une goulée d'air. Puis elle replongea à la recherche de Susanne. Ici... non... là!

Elle réussit enfin à l'attraper. Susanne, le visage tourné vers le fond de l'eau, ne bougeait plus.

« Elle a perdu connaissance, constata Inka avec effroi. Maintenant, comment vais-je pouvoir la ramener jusqu'au bord? »

Elle fit mécaniquement ce qu'on lui avait appris pendant les cours de sauvetage à la piscine. Jamais encore elle ne l'avait pratiqué dans un lac. Elle maintint la tête de Susanne au-dessus de l'eau et nagea comme elle put. Ses jambes et ses bras avaient la pesanteur du plomb.

« Personne ne nous voit donc? pensa-t-elle, désespérée. Je ne vais plus tenir longtemps! » Elle avait la gorge serrée. Elle était à bout de souffle. Est-ce que Susanne vivait encore?

Elle avait une peur terrible.

Ses jambes la tiraient vers le fond. Elle n'avançait presque plus : la berge semblait toujours aussi lointaine.

– Au secours! cria-t-elle, épuisée. Au secours!

Ah! enfin les enfants qui jouaient sur le bord bougèrent. Elle en vit quelques-uns tendre le bras dans la direction du lac.

– Au secours! cria-t-elle une nouvelle fois.

Elle était tout juste capable de rester sur place et de soutenir la tête de Susanne hors de l'eau.

Combien de temps s'écoula-t-il avant que Harald n'arrive avec sa barque? Inka n'aurait su le dire. Tout devint flou. Elle ne put se porter à la rencontre de la barque. Harald et une monitrice tirèrent d'abord Susanne hors de l'eau, puis Inka. Pendant que Harald ramait pour rejoindre le bord, la monitrice tenta de ranimer Susanne.

Inka était comme étourdie. Elle ne saisissait pas ce que Harald disait. Puis elle finit par comprendre :

– Ça va te coûter cher! Je vais te renvoyer au foyer! Quel manque de discipline!

Inka n'eut pas la force de lui dire que ce n'était pas du tout sa faute. Une crise de larmes la secouait tellement qu'elle ne pouvait pas parler. Pourvu que Susanne ne meure pas! Sinon, que dirait-elle à Maxi? Maxi...

Lorsqu'ils accostèrent, de nombreuses mains se tendirent pour sortir Susanne de la barque. Quelqu'un dit :

– Nous avons déjà appelé l'ambulance.

On posa Susanne sur l'herbe, et immédiatement Harald tenta à nouveau de la ranimer.

Personne ne se soucia d'Inka. Elle était restée assise dans la barque. Les larmes coulaient sur ses joues. Pourvu que Susanne ne soit pas morte!

On éloigna les enfants qui s'étaient attroupés. Seuls les monitrices et le personnel administratif de la colonie entouraient Harald, qui se redressa.

– Ah, enfin! dit-il.

Il prit Susanne dans ses bras et la porta jusqu'au bungalow central, où se trouvait l'infirmerie. Quelques instants plus tard, il y eut un bruit d'avertisseur, et Inka vit apparaître une voiture blanche à croix rouge. Deux hommes en sortirent une civière, puis entrèrent dans le bâtiment. Peu de temps après, ils mirent Susanne dans l'auto et partirent. L'avertisseur retentit à nouveau dans le silence général. Tout était fini. Susanne vivait! On l'emportait vraisemblablement à l'hôpital. Maxi ne pleurerait pas.

Les jambes raides, Inka descendit de la barque. Elle remit son tee-shirt pardessus son maillot de bain mouillé, puis rechaussa ses sandalettes. Elle rattacha aussi sa montre à son poignet. Elle garda son short à la main. Elle avait froid, bien que le soleil brillât de nouveau.

– Il faut que tu ailles voir Harald tout de suite!

Une fille était venue à sa rencontre pour lui transmettre l'information.

– Mince! elle en a eu, de la chance! Elle aurait pu boire la tasse, Susanne.

Inka se traîna jusqu'au bungalow central. Elle était terriblement fatiguée. Le directeur était assis à son bureau. Il téléphonait. Inka réalisa qu'il parlait avec le père de Susanne.

– Oui, camarade Kirsten, à Potsdam. Oui, camarade Kirsten, vous pouvez y aller dès maintenant. Oui, camarade Kirsten, je m'en occupe. A demain.

Puis il écrivit quelques mots sur un morceau de papier, sans se soucier d'Inka, debout sur le seuil de la porte et qui avait froid. Enfin il leva les yeux :

– Tu sais ce que tu as fait? Toute cette histoire va avoir des conséquences que tu n'es pas près d'oublier. Quel manque de discipline... et ça veut devenir championne! Une championne! C'est terminé! Pour toujours. Tu peux te le tenir pour dit. Va faire ta valise! Tu rentres demain à Leipzig avec Mme Sachs. Dès demain matin. Maintenant, file dans ta chambre! Tu seras privée de souper pour aujourd'hui.

– Mais..., balbutia Inka, qui venait de sortir de sa torpeur et essayait de corriger l'erreur. Ce n'est pas du tout ma faute.

Harald ne la laissa pas se justifier.

– Il ne fallait pas s'attendre à autre chose de ta part! dit-il sur un ton ironique. Tu vas peut-être encore dire que c'est Susanne qui t'a persuadée de faire ça, n'est-ce pas? Je croyais qu'au foyer on vous enseignait la morale. Il semblerait, en ce qui te concerne, que cela n'ait pas encore produit d'effet. Mentir! C'est tout ce que tu sais faire, n'est-ce pas?

Inka demeurait plantée là, sans pouvoir dire quoi que ce soit. Voilà ce que l'on pensait d'elle. Parce qu'elle venait du foyer. Et elle n'avait même pas le droit de se défendre!

Non! D'ailleurs, elle avait perdu l'envie de le faire. En tout cas, pas devant cet homme qui ne manifestait aucune intention de l'écouter.

Elle sentit son corps se contracter. Elle avait terriblement froid. Il fallait absolument qu'elle sorte de cette pièce. Ne plus voir ce visage.

Elle quitta le bureau, complètement bouleversée. Elle courut jusqu'au lac, détacha la barque de son amarre et rama en direction de la cachette dans les roseaux. Personne ne le remarqua. C'était le moment du goûter.

Ulcérée par tout ce qui venait de lui arriver, mais surtout par le comportement de Carola, Inka ressassait les plus folles pensées. Puis, sous l'empire de la fatigue, elle s'endormit.

Elle ne s'éveilla que quand de grosses gouttes tombèrent sur elle. Il y avait des nuages noirs au-dessus de sa tête.

Un orage!

Inka se recroquevilla au fond de la barque. A nouveau, elle tremblait de froid. Et puis elle avait peur.

Peur qu'on puisse à présent partir à sa recherche et la punir une seconde fois, parce qu'elle avait pris la barque de sa propre initiative et qu'elle était allée se cacher dans les roseaux au lieu de regagner sa chambre.

Qu'est-ce qu'elle allait bien pouvoir dire à Mme Nogler quand, demain, on la ramènerait?

Elle aurait aimé que Maxi soit là pour qu'elle puisse tout lui raconter. Pourquoi les autres la rendaient-ils coupable de tout? Qu'est-ce qu'il aurait fallu qu'elle fasse? Qu'elle aille immédiatement chercher la barque? Ou qu'elle commence par appeler Harald? Sûrement que, pour sauver Susanne, il aurait été trop tard!

Elle aurait dû être présente quand Carola avait manigancé l'affaire. Inka était responsable quand Maxi n'était pas là. Au lieu de cela, elle était restée dans la salle de jeu. Elle rédigeait l'article pour le journal mural. Parce que Carola le lui avait demandé. Pendant ce temps, elle ne s'était pas rendu compte de ce qui se passait dehors.

Mais Inka avait tout bêtement perdu le courage de lutter contre Carola. Il était possible, si celle-ci était fâchée contre elle, qu'elle lui barre totalement la voie de l'école de sport. Car Carola, en qualité de déléguée, avait également son mot à dire dans ce domaine. Au même titre que M. Kallmus.

Néanmoins, elle aurait dû dire non à Carola. Elle aurait été sur les lieux et aurait pu empêcher que l'on ne pousse Susanne à montrer de quoi elle était capable.

Inka pensa que c'était sa faute. « C'est pour ça que maintenant je suis punie. »

Quand l'orage s'apaisa, elle ramena le bateau jusqu'à l'embarcadère. Les autres enfants venaient à sa rencontre.

– Inka? Où étais-tu?

Tutty courut vers elle avec un peignoir de bain et le lui mit sur le dos. Inka était trempée comme une soupe.

– On va te donner tout de suite du thé chaud. Pourquoi es-tu partie?

Harald était sur le pas de la porte. Sa chemise bleue sortait de sa ceinture. Il eut l'air vraiment soulagé en l'apercevant.

– Excuse-moi, dit-il. C'était une erreur. J'avais pensé que tu...

Inka passa devant lui sans prendre la main qu'il lui tendait.

– Harald a cru tout bêtement que c'était toi qui avais fait ça. Quel idiot! Si t'avais vu la bouille qu'il a faite quand il a su que tu avais repêché Susanne dans le lac! La tête d'un gars qui devient fou!

Tout en bavardant, Tutty la débarrassa de ses vêtements mouillés et la frotta avec une serviette pour la sécher. Puis elle décida qu'Inka devait mettre son pyjama et aller se coucher.

– Mais il fait encore jour...

Inka avait protesté faiblement, pourtant elle grimpa dans son lit, heureuse de pouvoir se glisser sous les couvertures.

Mme Sachs lui apporta du thé chaud et lui dit, plus gentiment que d'habitude :

– Dors, maintenant. Ce qui s'est passé était un peu trop dur pour toi.

Après qu'Inka se fut réchauffée, tout se mit à tourner autour d'elle. C'était vraiment beau, et elle ne fit rien pour empêcher que les objets qui l'entouraient ne cessent de se balancer...

Inka s'élançait dans les airs. Ses pieds touchaient les chandelles blanches des marronniers. Quand elle redescendait, Maxi était là pour la pousser doucement et la faire remonter. Sans cesse en haut, en bas. Soudain, elle vit à côté de Maxi la dame de la photo, et cette dame n'avait plus ses longs cheveux bruns. Et chaque fois qu'elle voulait attraper Inka, elle tapait dans le vide. Inka vit qu'elle pleurait. Inka était désolée. Alors, sans plus de cérémonie, Inka lui sauta dans les bras, juste au moment où elle venait de redescendre. Maxi éclata de rire. Inka en fit autant. Elle se sentait merveilleusement bien dans les bras de cette dame. C'était doux. Elle avait chaud.

14. C'est injuste!

Le lendemain matin, en se réveillant, Inka avait mal à la gorge. Mais elle n'en parla à personne. Elle se mit même à ranger ses affaires dans sa valise.

– Qu'est-ce que c'est que ça? dit Tutty, fort étonnée.

– Je dois rentrer. C'est Harald qui l'a dit.

Inka était avare de paroles comme jamais elle ne l'avait été.

– Et pourquoi?

Angelika et Brit, décontenancées, étaient plantées à côté d'elle et fixaient la valise ouverte.

– Mais pourquoi tu fais ça? demanda Sabine.
– C'est à cause d'hier, dit Inka en pliant son peignoir de bain.

Tutty sortit en courant de la pièce et claqua la porte derrière elle. Tout le monde sursauta. Quelques instants plus tard, Harald fit son apparition.
– Tu peux ressortir tes affaires, Inka. Il y a eu une erreur. Ce n'était vraiment pas ta faute.

Puis il annonça qu'il fallait que dans la matinée toutes les équipes se rassemblent dans la salle de réunion.

Agenouillée devant sa valise bourrée, Inka hésita. Elle ne remit tout en place dans l'armoire qu'après que Tutty eut posé la valise sur le lit.

Quelque chose avait changé. Elle s'en rendit compte aussi en entrant, à dix heures précises, avec les autres enfants dans la salle de réunion. « Tout le monde me regarde comme si j'avais fait quelque chose d'extraordinaire », pensa-t-elle.

Sa chemise bleue fraîchement repassée, Harald était assis avec l'encadrement à la longue table que l'on avait disposée face aux rangées de chaises. Un drapeau bleu avait été tendu sur la table, et quelqu'un y avait fixé l'insigne des jeunes pionniers allemands. Une fois de plus, les pionniers soviétiques étaient les mieux habillés. Ils portaient des chemises blanches et cette fois des foulards bleus. Les Allemands avaient tout simplement noué le leur par-dessus leur tee-shirt, sans se soucier si les couleurs s'accordaient. Un garçon de l'équipe d'à côté avait été obligé de se changer, parce qu'il y avait un Astérix sur son maillot. C'étaient des choses qui n'allaient pas ensemble.

– C'est vraiment la fête, dit Tutty en s'agitant sur sa chaise. Est-ce que tu vas avoir une médaille?

– Oui, la médaille des sauveteurs! dit Sabine en ouvrant grands les yeux.

Mais, pour commencer, il n'en fut pas question.

– Pionniers, soyez prêts! cria Harald, d'une voix qui résonna dans la salle à la façon d'une menace.

Chacun nota que, cette fois, ce n'était pas Carola qui lançait cet ordre.

– Toujours prêts! lui répondirent une centaine de voix.
– Carola est tombée en disgrâce? chuchota malicieusement Tutty.

Harald parla du manquement à la discipline, de l'accident qui en avait résulté et des obligations auxquelles les équipes allaient devoir librement consentir pour faire la preuve de leur volonté de s'améliorer, les jours prochains. Il fallait que les équipes discutent et viennent dans l'après-midi, à quinze heures, lui transmettre leurs résolutions.

Sabine soupira :
– Si seulement j'étais avec maman au bord de la Baltique! Ça commence à m'énerver, d'être ici. Une fois, ça suffit!
– Tais-toi! lui glissa Tutty. Au moins tu sauras comment c'est tout le temps chez nous. Tu crois qu'au foyer c'est différent? C'est tous les jours comme ça!

Elles continuèrent à bavarder à voix basse, mais Inka ne les écoutait plus, car Harald s'était mis à parler d'elle. Il vantait son courage.

– Ina a sauvé la vie d'une de ses camarades, au moment où les autres ne faisaient pas attention à ce qui se passait. Ce geste mérite une belle récompense. Je vais en faire la demande. Mais, Ina, sans plus attendre, je te félicite pour ta remarquable intervention. Tu es une vraie championne, la championne que tu voulais être.

Il fit le tour de la table recouverte du drapeau bleu, serra la main d'Inka et lui remit un livre.

– En souvenir de ton courage, dit-il.

Inka, debout devant lui, était toute rouge. Elle ne savait où poser les yeux. « Il faudrait que Johanna voie ça, songea-t-elle. Et Mme Nogler. Peut-être que maintenant je serais admise à l'école de sport. »

Harald avait repris sa place derrière la table et, changeant de ton, il mit Carola en demeure d'expliquer son comportement.

– Autocritique, murmura Brit avec une joie maligne, car elle non plus ne pouvait pas souffrir Carola.

– Elle va faire pénitence, répliqua Tutty, sans toutefois se laisser distraire, car elle voulait entendre tout ce que Carola allait dire.

Elle en fut d'ailleurs pour ses frais, et Inka constata, admirative : « Jamais je ne pourrais faire comme Carola! Si ça m'était arrivé, je n'aurais pas pu ouvrir la bouche. »

Carola se surpassa, faisant son autocritique pour amadouer tout le monde. Puis elle retourna l'argumentation en disant que son seul souci avait été de faire progresser le collectif.

– Toute cette histoire vient du fait que la moyenne des notes baisse à cause des mauvais résultats de Susanne en sport. Mais je vais m'occuper, comme je viens de le faire avec Susanne, de ceux qui ont de mauvais résultats dans des matières telles que les maths...

– Elle pense à toi en disant ça, marmonna Tutty, en colère. La vache!

Carola termina son discours par quelques résolutions la concernant. C'était tout. Elle se rassit sagement. L'encadrement ajouta encore une ou deux recommandations à propos de la discipline avant de les laisser sortir.

Inka se dirigea vers le lac. Elle avait

envie d'être seule. Mais Tutty ne la quittait pas. Inka n'alla donc pas détacher la barque et s'assit sous le grand bouleau, le regard tourné vers le large.

Tutty vint s'installer à côté d'elle. Le silence devenant de plus en plus pesant, Tutty éclata :

– Si tu me poses la question, ça y est, on a payé les pots cassés. Carola ne pense qu'à nous faire prendre des engagements. N'oublie pas tes livres de maths!

Elle souffla bruyamment pour manifester sa colère.

Inka leva les yeux. Le lac brillait sous le soleil. Elle aurait aimé pouvoir se taire. Néanmoins, elle se décida à parler :

– Pourquoi faudrait-il que je rentre et que Carola reste à la colonie? Tutty, est-ce que tu peux me répondre? Est-ce qu'elle a fait, par rapport à Harald, quelque chose de différent de moi?

Tutty, qui était assise en tailleur, bougea le pied gauche pour prendre une position plus confortable. Elle était heureuse qu'Inka lui adresse à nouveau la parole. Elle avait peur du silence.

– C'est là qu'est toute la différence, répliqua-t-elle avec ironie. Carola se met à genoux devant Harald et fait son autocritique. Elle s'engage sur des trucs... et c'est nous qui prenons. Et toi, espèce d'idiote, tu fais les yeux doux, tu ne dis rien pour pas lui déplaire, à Harald. J'espère que maintenant tu as pigé de quoi il retourne.
– Mais c'est tellement injuste!
– Injuste!

Tutty renifla de plaisir. La conversation était à son goût. Elle pouvait enfin décharger sa bile et donner à Inka quelques conseils amicaux. Inka, à son avis, en avait vraiment besoin.
– C'est comme ça, dit-elle. Et ça ne changera pas si tu ne dis rien. Il faut que tu te défendes!
– Oh! toi, dit Inka.

Elle détestait que Tutty lui parle comme ça. Mais Tutty était lancée.
– Tu peux dire ce que tu veux, je m'en fiche. Il faut se défendre contre des gens comme Carola.

Puis, au bout d'un instant, elle ajouta :

– J'étais prête à rentrer au foyer. Moi ici et toi à Leipzig : c'était impensable!

Inka était très heureuse de ce que Tutty venait de dire.

– Tu es une vraie amie, Tutty. Vraiment, tu es extraordinaire.

Tutty, en entendant le mot « amie », manifesta une nouvelle fois son dépit.

– Et Susanne? C'est aussi ton amie? demanda-t-elle.

Inka réfléchit et dit :

– Oui, d'une certaine façon, mais ce n'est pas la même chose que toi. Je ne sais pas.

Tutty ne pouvait se contenter de ces paroles :

– Tu vas voir ce que ça va te rapporter. Quand on sort une fille de l'eau, il faut pas longtemps pour que cette fille devienne ton amie.

Inka sentit que Tutty était jalouse de Susanne.

Maxi revint après le déjeuner. Elle ne prit même pas le temps de poser son sac dans sa chambre et le laissa tout bonnement devant la porte, puis descendit jusqu'au lac. Inka était dans l'eau jusqu'aux genoux, bien qu'elle eût mal à la gorge.

En voyant Maxi, Inka courut dans sa direction.

– Susanne, comment ça va? demanda-t-elle.

Maxi la prit sans plus de cérémonie dans ses bras et la pressa contre elle.

– Très bien. Elle va bientôt revenir. Dès que possible, j'irai la chercher à l'hôpital.

Puis elle ajouta :

– Merci, Inka. Jamais, tant que je vivrai, je n'oublierai ce que tu as fait.

Inka déglutit avec difficulté. Elle n'avait pas du tout songé en imposer à Maxi par ce qu'elle avait fait. Elle avait plutôt voulu ne pas lui faire de peine.

Elles restèrent un long moment sur la couverture sans prononcer une parole. Tutty tournait autour d'elles, inquiète de ce qui se passait. Si elle avait pu deviner ce à quoi pensait Maxi, elle aurait été encore plus inquiète, car l'immense changement qui risquait de transformer les rapports d'Inka avec Susanne la concernait, elle aussi. Mais, provisoirement, Inka ignorait tout.

Ce soir-là, Inka écrivit dans son journal :

Je suis jalouse de Susanne, je lui envie Maxi. Pourquoi certains ont-ils tout et d'autres rien? Moi aussi, je serais heureuse si mes parents n'étaient pas partis. Mais sûrement qu'ils ne m'ont pas aimée autant que Maxi aime Susanne...

Malgré la bonne tournure des événements, Inka demeura longtemps, cette nuit-là, sans pouvoir dormir. Elle souffrait non seulement de la gorge, mais aussi de la tête à force d'avoir trop réfléchi.

En pleine nuit, elle sortit la lettre de sa cachette et, sous sa couverture, relut ce qu'elle avait déjà lu plusieurs fois. Elle continuait à espérer que la dame s'était trompée.

Qu'importait que ces lignes fussent pour elle ou pour une autre fille! Inka était au bord des larmes en les relisant.

... Un jour, on vint me chercher à l'atelier. Mon avocat m'attendait au parloir. Il y avait à côté de lui un homme que je ne connaissais pas.
– Vous allez bientôt pouvoir rentrer chez vous, me dit l'avocat.

Il était inutile que je fasse des calculs : en prison, l'on sait bien combien d'années, de semaines, de jours il reste encore à faire. Chaque nuit, quand on n'arrive pas à dormir, on compte. J'avais accompli les deux tiers de mon temps.
– Vous n'avez qu'à signer là.

Je pris la feuille de papier. Au début, j'étais incapable de comprendre, l'émotion faisait danser les lettres devant mes yeux. Mais ce que je finis par lire me coupa presque la respiration.
– Non, dis-je. Non, je ne signe pas ça. Faites de moi ce que vous voulez. Je n'abandonnerai pas mon enfant à des étrangers.

L'homme qui accompagnait mon avocat remit le papier dans sa serviette. Il partait sans ma signature.
– Vous le regretterez! dit-il mécham-

ment. Les choses peuvent se faire aussi sans votre accord. On ne peut confier l'éducation d'un enfant à quelqu'un comme vous.

Voilà, Ina, la raison pour laquelle je suis restée en prison jusqu'au dernier jour. Et j'ai persévéré dans la volonté d'être expulsée vers la RFA. Ici, j'ai la possibilité de lutter en ta faveur. Tiens bon, mon enfant. Je viendrai te chercher. La liberté...

« Mais je ne veux absolument pas! » De grosses gouttes de sueur perlaient sur le front d'Inka. Elle éteignit sa lampe de poche et rejeta la couverture. Elle avait le corps brûlant.

« J'ai de la fièvre, pensa-t-elle avec angoisse. Et j'ai terriblement mal à la gorge. Mais, s'ils s'en aperçoivent, je ne pourrai pas aller à Berlin. »

Au moment où elle cachait son journal, Tutty se réveilla.

– Y a quelque chose? dit-elle, à moitié endormie.

– J'ai très chaud, gémit Inka.

Tutty sortit de son lit et s'approcha d'elle.

– Tu as de la fièvre? s'inquiéta-t-elle en lui prenant le pouls.

Inka se défendit :

– Non! Je veux aller à...

Elle retomba, épuisée, sur son oreiller.

– Attends, je reviens tout de suite, dit Tutty aussi bas que possible, pour ne pas déranger leurs compagnes.

Tutty se glissa hors de la pièce et revint avec deux gants de toilette mouillés.

– Mets-toi ça sur les yeux : ça fait baisser la fièvre. Maman m'a toujours fait ça...

Les autres dormaient comme des marmottes. Elles ne pouvaient soupçonner la peine que se donnait Tutty pour abaisser la température d'Inka. Effectivement, Inka bientôt s'endormit. Tutty continua à lui poser les gants humides sur le front.

15. Les dispositifs de sécurité

Le lendemain matin, quand Inka se réveilla, elle se sentit beaucoup mieux. Mais elle avait encore mal à la gorge.

– Ne va pas te fourrer dans les jambes de Maxi, lui conseilla Tutty. Si elle se rend compte de quelque chose, t'y couperas pas de l'infirmerie, et finie l'excursion!

Inka suivit ce conseil. Elle n'eut d'ailleurs guère de difficulté : il fallait se dépêcher pour attraper à temps le train à la gare centrale de Potsdam. Harald était responsable de l'excursion, et naturellement Carola s'était engagée à l'aider dans sa tâche. Ils étaient une trentaine. Il y avait également Svetlana et quelques autres pionniers soviétiques. Après tout, on allait se rendre au mémorial de Treptow.

Carola avait préparé un gros bouquet de fleurs des champs, pour le déposer devant le monument. Mais elle eut beau chercher autour d'elle, elle ne trouva personne pour le porter.

Tutty dit doucement à Inka :

– Elle peut bien le trimbaler toute seule, son truc. A l'arrivée, elle te le retirera des mains pour le poser devant le monument. C'est tout le temps comme ça qu'ils font, dans les délégations. Le chef marche derrière et il prend la couronne quand c'est le moment de la mettre par terre. J'ai vu ça à la télé.

Svetlana hocha la tête sans sourire. Maintenant elle comprenait fort bien ce que Tutty disait, vu qu'elles étaient presque tout le temps ensemble.

– A Leningrad, ils font pareil, confirma-t-elle.

Tout le monde éclata de rire.

A Schönefeld, ils prirent un train de banlieue. Harald et Mme Sachs veillaient à ce que le groupe ne se dispersât pas. C'était difficile, parce que de nombreux voyageurs, qui venaient du sud de la RDA, étaient descendus à Berlin-Schönefeld pour monter dans le train de banlieue qui les conduirait plus rapidement vers le centre de la ville.

– Nous allons jusqu'à la Friedrichstrasse, c'est le terminus, dirent les accompagnateurs. Nous commencerons par visiter la porte de Brandebourg et nous regarderons à la frontière les dispositifs de sécurité.

– Oh! mon Dieu! gémit Tutty. Comme ça, il sera déjà midi. Et après, demi-tour, si nous voulons aller à Treptow!

Inka était assise dans un coin. Elle s'efforçait de ne pas laisser paraître qu'elle n'était pas bien.

– Ça ne va pas? remarqua Alwin Hammer. Tu as une figure de papier mâché!

Inka se contenta de hocher la tête.

A la gare de la Friedrichstrasse, elle fut heureuse de descendre du train.

Sur l'avenue d'Unter den Linden, ils tournèrent à droite.

– C'est encore loin? s'informa mollement Inka.

Tutty, qui n'était pas tranquille, était restée près d'elle.

– Là, devant nous, ma petite Inka, tu la vois déjà.

Le chemin jusqu'à la porte de Brandebourg lui sembla interminable. Finalement, ils se retrouvèrent sur la place, devant le monument. Harald les regroupa autour de lui et leur expliqua pourquoi, en 1961, on avait construit le mur.

– L'ennemi de classe, dit-il, voulait saigner notre patrie socialiste. Il débauchait les meilleurs spécialistes, des hommes pour la formation desquels l'Etat avait dépensé beaucoup d'argent. Et il n'y avait pas que cela : la frontière étant ouverte, des espions venaient en foule, des agents provocateurs entraient chez nous, et ces gens introduisaient de la mauvaise littérature...

Inka n'écoutait pas vraiment. Elle se demandait ce que signifiaient les expressions « agents provocateurs » et « mauvaise littérature ».

– Il veut parler d'Astérix, de Superman

et de tous ces trucs-là, expliqua Alwin Hammer, la main devant la bouche. Et les polars, comme l'inspecteur Derrick.

– C'est ici le passage pour aller à l'Ouest ? interrogea Inka.

Elle avait, elle aussi, parlé à voix basse pour ne pas que Harald ou Carola l'entendent. Elle jeta un regard apeuré sur les gardes-frontières avec leurs uniformes gris et leur pistolets mitrailleurs, que l'on voyait devant la porte de Brandebourg. Involontairement, elle pensa au paragraphe de la lettre qui décrivait comment ses parents avaient atteint la frontière. Mais on ne voyait ici ni forêt ni barbelés. Rien qu'un mur nu.

D'autres personnes s'étaient également rassemblées sur la place. Elles parlaient, sans élever la voix, de ce qu'elles voyaient ou supposaient exister de l'autre côté de ce mur.

Inka entendit les mots : « ordre de tirer », « patrouilles de la mort », « dispositifs de tir automatique », « chiens policiers », « tours de guet », des mots qui lui faisaient peur et provoquaient des images effroyables dans son imagination.

– Chacun sait que cet endroit est dangereux. Beaucoup de ceux qui ont voulu passer de l'autre côté sont morts. Les autres, plus nombreux encore, ont fini en prison!

– On n'achète sa liberté qu'en en payant le prix, dit un autre homme.

Inka sentait l'angoisse de ces hommes, devant ce monument et cette frontière, la gagner.

Harald, lui, parlait fort. Il se tenait là, les manches de sa chemise bleue relevées, et il évoquait, à la manière de M. Kallmus, l'ennemi de classe qui vivait à l'Ouest et voulait nuire « à la RDA, notre patrie socialiste ».

Les gens se détournèrent du groupe. Certains agacés, d'autres même méfiants.

Une femme dit :

– Voilà comment on dresse les enfants. C'est une honte!

Elle aussi s'était exprimée à voix basse, en se retournant prudemment pour voir si personne ne se trouvait

derrière elle. Puis elle quitta les lieux rapidement.

– Viens, on s'en va d'ici! dit Inka en tirant Tutty.

Mais Tutty ne bougea pas.

– Zut, Inka, pas maintenant! murmura-t-elle. Quand on sera dans le métro!

Inka se traîna encore d'Unter den Linden jusqu'à la Nouvelle-Garde, mais sans prêter attention à ce qu'elle voyait. Des images se dressaient devant elle qui lui faisaient peur. Elle avait chaud, et la tête lui tournait.

– J'ai une de ces soifs! gémit-elle.

– Attends, nous serons bientôt à la Friedrichstrasse. C'est là qu'on fichera le camp.

Inka ne comprenait pas grand-chose à tout cela. A la gare de la Friedrichstrasse, lorsque le groupe partit dans la direction de Treptow, le train démarra sans elle et sans Tutty.

– Ça y est, dit Tutty. Et maintenant filons, avant qu'ils s'aperçoivent qu'on s'est taillées.

– Tutty, nous avons perdu les autres! dit Inka en jetant un regard apeuré autour d'elle.

– C'est ce que nous voulions, dit Tutty avec un rire de satisfaction. Viens! On va aller voir maman, elle t'aidera à te requinquer!

Inka se laissa emmener dans un autre train. Elles changèrent encore une fois, finirent par sortir d'une gare et se retrouver dans la rue.

– On a voyagé à l'œil! triompha Tutty, avant d'ajouter, en s'apercevant qu'Inka était toute pâle : C'est pas loin. Viens, tu peux avoir confiance en moi. Je suis vraiment ton amie!

Elles entrèrent dans une maison. Au troisième étage, Tutty sonna à la porte d'un appartement. Elles entendirent un bruissement derrière le battant et quelqu'un rouspéter. Puis la porte s'ouvrit et une femme dit :

– Mince, ma petite Tutty! D'où tu sors comme ça? Qui est-ce qui est avec toi?

– C'est Inka, maman. Mon amie du foyer.

Inka se sentit entraînée dans une salle de séjour. Elle était heureuse de pouvoir s'asseoir sur une banquette. Tutty accompagna sa mère à la cuisine et revint aussitôt avec un verre de limonade fraîche. Inka le vida avec avidité. Elle allait un peu mieux.

Elle avait tout à coup l'impression d'être en sécurité dans cette pièce, un peu désordonnée mais très agréable. Cela venait sûrement des meubles qui ne paraissaient pas provenir d'un magasin, mais ressemblaient à ceux que l'on voit parfois à la télévision. Chez Mme Nogler, c'était presque les mêmes, bien qu'il y eût plus d'ordre. Pourtant, le fait que les coussins fussent posés n'importe comment sur la banquette et qu'il y eût une cage à oiseau au beau milieu de la table ne la dérangeait pas.

– C'est notre Jeannot, expliqua la maman de Tutty en attirant la perruche sur son index. Il faut aimer les animaux!

Puis elle serra Tutty sur sa poitrine et versa quelques larmes.

Inka retira ses chaussures, posa les jambes sur la banquette, se recroquevilla dans un coin et les regarda jouer avec la perruche.

Elle sentit la chaleur revenir et vit devant elle deux oiseaux. Elle tenta de se défendre contre la perruche et poussa de petits cris.

– Qu'est-ce que t'as, Inka? demanda la maman de Tutty en remettant l'oiseau dans la cage. Oh! mon Dieu! t'as la fièvre?

Tout alors se déroula rapidement. Inka se laissa faire. Elle était heureuse qu'on la déshabille, qu'on lui mette une chemise de nuit et qu'on la couche dans le lit de la maman de son amie.

Tutty la rassura :

– Papa téléphone à la colonie pour leur dire que nous restons ici aujourd'hui. Bois ça, et après tu vas dormir un moment.

Inka avala docilement les cachets que Tutty lui tendait, but un peu de liquide et dit qu'elle avait à nouveau effroyablement mal à la gorge. La maman de Tutty lui appliqua encore un gros enveloppement humide autour du cou, puis s'assit sur le bord du lit.

– Pauvre môme! dit-elle doucement, en lui tapotant le front brûlant avec une serviette mouillée. Tu vas voir, ça va aller mieux!

– Il faut rentrer. Ils vont nous chercher,

dit Inka à Tutty au moment où celle-ci lui apportait à nouveau à boire.

– Mais t'occupe pas de ça!

La maman de Tutty descendit un peu le store. Cela lui fit du bien. Elle avait les yeux moins brûlants.

– Papa va téléphoner. Et vous resterez ici jusqu'à ce que tu sois rétablie.

La voix était si rassurante qu'Inka accepta de demeurer au lit et de dormir. Elle avait l'impression que Maxi, Mme Nogler, la maman de Tutty et la dame à la balançoire n'étaient qu'une seule personne. Comme d'ailleurs la dame qui avait écrit la lettre, la dame qui avait les yeux si tristes.

16. Chez Tutty

Inka dormit profondément jusqu'au lendemain matin. Au moment où elle se réveilla et où elle vit, non sans effroi, le décor étranger qui l'entourait, elle entendit à côté d'elle le rire familier de Tutty.

– Ça y est, tu es remise? demanda Tutty. Tu lui as fichu une de ces frousses, à ma mère!

Tout à coup, Inka se souvint très précisément de ce qui s'était passé. Elle toucha son cou enveloppé d'un gros cache-col de laine.

– Ça te fait encore mal?

Inka retira le cache-col et essaya d'avaler.
– Non, dit-elle. C'est parti. Je vais pouvoir me lever. Quelle heure est-il?

Elle consulta sa montre, mais celle-ci s'était arrêtée. Tutty attrapa un réveil qui se trouvait sur la table de nuit et le lui tendit.
– Il va être dix heures!
– Et la colonie?

Inka se redressa pour s'asseoir. Elle avait l'air si inquiète que Tutty se tordit de rire sur le lit.
– La mauvaise conscience en personne!

Inka était très mal à l'aise. La frayeur lui coupait bras et jambes.
– Ils vont nous chercher, Tutty!
– Non, dit Tutty, qui lui expliqua que la veille, dans l'après-midi, son père avait immédiatement téléphoné à la colonie et raconté ce qui était arrivé. Et maintenant, on va se faire une belle journée!

Inka regarda autour d'elle.
– C'est votre chambre à coucher? demanda-t-elle.

Tutty acquiesça d'un signe de tête.

– Où dormaient tes parents, quand vous...
– Dans la salle de séjour. Sur la banquette, répondit Tutty en prenant un ton détaché.

A ce moment, la maman de Tutty passa la tête dans l'encadrement de la porte. Elle portait une longue robe de chambre à fleurs, et avait l'allure de quelqu'un qui vient de se lever.
– Ça y est, Inka, c'est la forme ?
– Oui, ça va très bien.
– Parfait ! On va pouvoir prendre le petit déjeuner !

Inka sentait que ça allait vraiment beaucoup mieux. Elle se plaisait, ici. Tout lui semblait si naturel et si sympathique. Personne ne lui disait ce qu'il fallait qu'elle fasse : raison supplémentaire pour éprouver encore plus de plaisir.

Une fois qu'elles eurent fini de se laver et de s'habiller, la maman de Tutty les appela :
– Nous prendrons le petit déjeuner dans la cuisine. Papa est encore couché sur la banquette.

Tutty se sentait vraiment chez elle.

– Mince, maman! Des petits pains frais. D'où est-ce que tu les as?

La mère éclata de rire et fit un geste en direction de la cuisinière à gaz.

– Je les ai passés au four exprès pour qu'ils soient meilleurs. Il faut que vous vous rendiez compte de ce que c'est qu'une maison dans laquelle il y a une mère.

Cependant, Tutty était de plus en plus énervée. Inka s'en étonna. En outre, elle était occupée à donner à manger à la perruche. Jeannot avait choisi son assiette pour venir se poser. Elle ne faisait donc pas attention à la conversation qu'avait Tutty avec sa mère. Jusqu'à ce que le ton monte et que Tutty se mette en colère :

– Si vous continuez comme ça, je vais passer toute ma vie dans un foyer!

La maman de Tutty se leva, alla jusqu'au réfrigérateur et en sortit une bouteille de bière. Elle la décapsula et la vida d'un trait sous les yeux d'Inka et de Tutty.

– Ah! ça fait du bien. J'ai pas besoin de sermons, Tutty. Note bien ça.

Comme si tout cela n'avait rien que

de très naturel, elle se rassit à la table et se remit tranquillement à manger. Tutty était encore plus furieuse. Elle ouvrit d'un coup la porte de la salle de séjour et cria :

– Il est encore couché, il est bourré. Il va pas travailler, hein? Toujours la même mouscaille!

Inka aperçut un homme allongé sur la banquette. Tout habillé. Seules ses chaussures étaient à côté de lui. Sur la table, il y avait deux verres et quelques bouteilles. Puis une odeur qui lui donna des haut-le-cœur pénétra dans la cuisine.

– Il fiche le camp l'après-midi pour aller téléphoner et il ne rentre à la maison qu'au petit matin, rond comme une queue de pelle!

Tutty criait de plus belle. Inka ne l'avait encore jamais vue dans une rage pareille.

– J'aimerais bien savoir ce qu'il a dit à la colo!

– Il n'y aura pas de problème, répliqua la maman de Tutty pour la rassurer.

Mais, en voyant ses yeux mi-clos et son regard incertain, Inka se mit à douter et à avoir peur. La bonne humeur du réveil s'était envolée.

– Tutty, comment allons-nous rentrer ?

Tutty, debout sur un tabouret, sortait du buffet de la cuisine une boîte en fer.

– Tutty, tu ne peux pas faire ça ! protesta sa mère. C'est les économies de papa.

– Je m'en fiche ! s'écria Tutty.

Comme elle avait agi sans l'ombre d'une hésitation, Inka supposa que ce n'était pas la première fois. Inka était très mal à l'aise. Sans plus de cérémonie, Tutty prit vingt marks dans la boîte, puis remit celle-ci à sa place.

– Voilà, ça suffira pour retourner à la colonie.

Avant même que la mère eût pu s'opposer, la sonnette de la porte d'entrée retentit. Sous le coup de la frayeur, elle rajusta sa robe de chambre à fleurs et sortit dans le couloir, après avoir refermé la porte de la cuisine derrière elle.

Tutty fit signe à Inka de ne pas bouger.

Elles entendirent la mère de Tutty

protester, puis parler de plus en plus doucement. Deux voix d'hommes lui répondaient, mais Inka ne comprenait pas un mot de ce qu'ils disaient. Enfin la porte de la cuisine s'ouvrit. Deux agents de police se tenaient sur le seuil.

– Regardez! dit l'un d'eux. Les voilà, les fugueuses.

– Elles n'ont pas fait de fugue! s'entêtait la mère de Tutty. Et Fred, mon mari, il a téléphoné à la colo.

Tutty bondit, blanche comme un linge.

– Il n'a pas téléphoné? Il n'a pas dit qu'Inka avait de la fièvre et qu'elle ne pouvait pas sortir du lit?

Elle regarda tour à tour les policiers et sa mère qui, complètement désarmée, restait plantée là, les bras ballants. Alors elle se précipita dans la salle de séjour et courut vers l'homme couché sur la banquette.

– Papa! papa! Tu as bien téléphoné à la colo?

L'homme s'assit et posa un regard vitreux sur sa fille, puis sur les autres personnes qui étaient entrées dans la pièce.

– Ma petite Tutty, dit-il en la dévisageant sans comprendre. D'où tu viens comme ça, tout à coup? Tu t'es sauvée?

Tutty était au bord des larmes.

– Papa! Est-ce que tu as téléphoné à la colo et dit qu'Inka était malade?

Le père de Tutty les considéra. Il ne comprenait pas pourquoi ces gens se trouvaient inopinément dans la salle à manger. En reconnaissant les agents de police, il se ressaisit et dit :

– Monsieur l'agent..., j'ai pas beaucoup bu..., juste quelques schnaps. Je vous le jure.

Le plus jeune plissa le nez : dans la pièce, ça puait comme dans un mauvais bistrot. Le plus âgé, qui vraisemblablement n'assistait pas pour la première fois à ce genre de scène, se dirigea vers le père de Tutty, retombé sur les coussins de la banquette. Tutty s'était assise dans un fauteuil et pleurait doucement.

Inka s'approcha d'elle.

– C'est grave ce qui va arriver?

– Je ne sais pas, répondit Tutty en continuant à pleurer. Ils fichent tout par terre. Sûrement, à présent, tu ne vas plus vouloir entendre parler de moi. Je ne vais plus avoir d'amie.

– Qu'est-ce que tu racontes? dit Inka. Ça n'a rien à voir avec ça.

Elle lui tendit le mouchoir qu'elle avait pris dans la poche de son anorak et ajouta :

– Maintenant, ils vont nous arrêter?

Cette conversation s'était tenue à voix basse. Le plus jeune des policiers devint méfiant.

– Ecartez-vous l'une de l'autre. Ce n'est pas le moment de conspirer. Nous voulons savoir la vérité.

Il les sépara et maintint fermement Inka. C'était désagréable de sentir cette main sur son épaule. A nouveau, elle eut peur.

Pendant ce temps, l'agent le plus âgé avait réussi à tirer du père de Tutty des réponses relativement raisonnables. Ce dernier sortit alors de la poche de son pantalon un morceau de papier tout chiffonné et dit :

– S'il vous plaît, monsieur l'agent! La voici, la preuve! J'ai cherché exprès le numéro. Et j'ai essayé, j'ai essayé, mais ça n'a pas marché. Alors, ça m'a donné soif, et je suis allé m'en jeter un. Puis, entre deux verres, j'ai constamment réessayé. Rien, rien de rien. N'importe qui, dans ce cas-là, se résigne, n'est-ce pas?

Le jeune agent prit le bout de papier et compara avec un numéro inscrit dans son carnet.

– C'est le numéro de la colonie, confirma-t-il. Mais il n'a jamais téléphoné. Dès le premier bistrot...

– Bien, camarade! dit le plus âgé. Nous allons éclaircir ça au commissariat. Sans les enfants. Il faut qu'elles retournent à toute vitesse à la colonie.

– Mais Inka est malade, gémit la maman de Tutty. Vous ne pouvez pas la lâcher dans la nature avec la fièvre qu'elle a.

Le plus jeune des deux policiers eut un rire méchant.

– La belle excuse! Habillez-vous et en route!

Tutty fila doux. Elle alla chercher son anorak et son sac. Inka, elle aussi, s'habilla. En passant devant la table de la cuisine, Tutty prit la cage avec la perruche, la posa devant la fenêtre ouverte et libéra l'oiseau.

– Envole-toi, Jeannot, dit-elle. Peut-être que tu trouveras quelqu'un qui s'occupera de toi. Pour que tu ne sois pas obligé d'aller dans un foyer.

Jeannot voleta et vint se poser sur le rebord de la fenêtre, puis il regarda encore une fois la mère de Tutty, qui était comme pétrifiée, et s'envola. Tutty ferma la fenêtre.

A ce moment, la mère de Tutty réagit. Elle rouvrit brusquement la fenêtre et plaça la cage sur le rebord.

– Il va peut-être revenir, dit-elle. C'est possible.

– Pressez-vous un peu, s'impatienta le jeune agent. Vous n'avez rien d'autre à prendre ?

Inka et Tutty avaient enfilé leur anorak. Elles étaient prêtes. Tutty secoua simplement la tête, puis elle considéra ses parents. Inka était désolée. « Non, pensa-t-elle, je préfère être orpheline plutôt que d'avoir des parents comme ceux-là. »

La mère de Tutty voulut prononcer quelques mots, mais elle fut tout juste

capable d'attirer sa fille contre elle. Des larmes coulèrent de ses yeux. Tutty n'avait pas envie de voir cela. Elle repoussa sa mère et lui cria :
– Arrête ton cinéma, maman! Une fois de plus, les promesses de l'autre jour, c'était du vent. Vous pouvez continuer à vous cuiter. Mais sans moi. J'en ai ras le bol de vous!
– Allons, allons! dit l'agent le plus âgé. Tu n'es pas aussi innocente que ça!

Ils descendirent tous ensemble l'escalier. En tête, les parents de Tutty, suivis du jeune policier, puis de Tutty et d'Inka. Le deuxième agent fermait la marche. Avant de sortir, il interrogea Inka :
– Depuis quand as-tu pris froid?

Inka avait peur. Elle ne dit que la vérité :
– Ça fait déjà quelques jours, depuis que j'ai...

Elle s'interrompit. Non, ce n'était pas un lieu pour raconter ces choses. L'agent pensa qu'elle cherchait à se justifier.
– Je voulais aller avec les autres à Berlin, dit-elle enfin.
– Tu n'étais encore jamais venue ici?

– Non. C'est la première fois.
– Et après?
– A la porte de Brandebourg, je me suis sentie mal...

Elle se mit à pleurer, non pas à cause de cette histoire, mais parce qu'elle se rappelait ce qui s'était passé à cet endroit, près du mur. L'agent la prit par la main. Elle fut un peu rassurée.
– C'est vrai que..., derrière le mur, il y a des chiens policiers et... des patrouilles de la mort? demanda-t-elle sans réfléchir et en tremblant de tous ses membres.

En posant cette question, elle avait un peu espéré qu'il démentirait ce qu'elle avait entendu dire. Elle avait confiance dans cet homme qui ne lui cacherait sûrement pas la vérité.

Mais, alors qu'il avait été jusqu'à présent si gentil avec elle, il lui lâcha la main et dit :
– Ce sont les dispositifs de sécurité de la frontière. Compris? Celui qui prétend autre chose est un menteur.

Elle sentit tout son corps se contracter. Le policier repassa derrière elle. Il avait le regard fixé sur son dos. « Celui-là aussi raconte des craques, pensa

Inka. Sinon il ne se serait pas mis en colère comme ça. S'il est juste de garantir la sécurité des frontières pour empêcher les ennemis de venir chez nous, pourquoi ne dit-il pas la vérité ? »

Inka trébucha. Devant la porte, il y avait une voiture de police.

– Je file devant avec les enfants. Vous me suivrez avec ces gens au commissariat, dit le plus âgé à son compagnon.

Inka et Tutty montèrent dans la voiture, qui se dirigea vers le commissariat.

A leur arrivée, on les fit entrer dans une pièce. Mais, par la porte restée entrebâillée, elles entendirent l'agent téléphoner.

– Il appelle la colo ! murmura Tutty, qui ouvrait de grands yeux effrayés. Nous allons sûrement être obligées de retourner à Leipzig !

Elle avait tout à coup perdu son accent berlinois et parlait si bas qu'elle communiqua sa peur à Inka.

– L'école de sport, c'est terminé ! Et les parents adoptifs également !

– Tout ça à cause de mon père, cette espèce d'ivrogne ! Il m'avait fermement

promis d'appeler Harald et de lui expliquer ce qui était arrivé.
– Je ne me sens à nouveau pas bien, dit Inka.

Elle sortit en courant et en tenant son mouchoir devant sa bouche. Lorsqu'elle revint dans la pièce, elle était toute pâle et avait les yeux fiévreux.

– Inka, faut pas que tu retombes malade, supplia Tutty. Je prends tout sur moi. C'est pas de ta faute, c'est sûr. De toute façon, en ce qui me concerne, ça n'a aucune importance.

Inka faillit éclater en sanglots. Le désespoir de Tutty lui allait droit au cœur.

– Est-ce que tu vas revoir ta maman?
– Non, dit Tutty. Ça a toujours été comme ça à chaque fois. Peut-être qu'on va remettre maman en tôle.
– Mais elle n'a... Elle a été si gentille avec nous!

Tutty fit un geste de la main.

– D'accord, mais va faire comprendre ça aux flics!

Elles restèrent un long moment sans rien dire. Enfin une femme agent de police entra dans la pièce. Elle apportait deux verres de lait.

– On va venir vous chercher. Une certaine Mme Kirsten.

– Maxi, chuchota simplement Inka en repoussant le verre de lait.

Elle avait mal à la gorge. Elle déglutit avec difficulté.

– Tu es toute pâle, dit la femme en souriant. Cette histoire n'est pas bien grave.

Tutty était inquiète.

– Tu as encore mal à la gorge, Inka?

Inka hocha faiblement la tête. La femme posa la main sur son front brûlant et dit :

– Tu as de la fièvre. Viens. Allonge-toi un peu en attendant. Je vais te donner une aspirine.

Elle emmena Inka vers une étroite banquette et déplia une couverture sur elle.

Quand Inka se réveilla, elle aurait été incapable de dire combien de temps s'était écoulé. Elle vit tout à coup Maxi se dresser devant elle. Elle se rendit compte également qu'on la mettait dans une voiture. Mais elle ne put dire plus tard comment elle s'était retrouvée dans le lit de l'infirmerie.

Lorsqu'elle ouvrit les yeux, elle aperçut Maxi, assise à côté d'elle, dans un fauteuil. Elle avait les mains posées sur les cuisses. Elle dormait. La lampe de chevet éclairait faiblement. Tout sentait bon la propreté et les médicaments. Inka garda les yeux ouverts et se demanda comment elle était arrivée ici. Elle se souvenait très vaguement de ce qui s'était passé. Etait-ce un rêve?

Au moment où elle bougea, Maxi se réveilla.

– Alors, Inka? dit-elle en se penchant vers la fillette.

Sa main froide se posa sur le front d'Inka.

– Ça va beaucoup mieux, n'est-ce pas?

Inka aurait donné tout l'or du monde pour que Maxi laissât la main sur son front. Mais elle se rassit dans son fauteuil et consulta sa montre.

– C'est encore le milieu de la nuit, dit-elle. Tu veux continuer à dormir?

– Non, dit Inka. J'ai assez dormi.

Maxi éclata de rire.

– Ça ne m'étonne pas! Ça fait presque

trois jours que tu es couchée là, espèce de petite marmotte!

Inka jeta un regard désemparé autour d'elle.

– Trois jours? Et est-ce que...

– Il n'y a pas de problème! dit Maxi. Tutty m'a tout expliqué. D'ailleurs, où auriez-vous pu aller? Tu étais si malade et Harald ne s'était pas préoccupé de savoir si vous étiez tous montés dans le train. Il n'y avait pas d'autre solution, il fallait te mettre dans un lit. Nous nous sommes fait beaucoup de souci, parce que le père de Tutty avait oublié de téléphoner.

Inka ferma les yeux un instant. Elle avait d'abord besoin de réfléchir. Il n'y avait donc plus aucun problème? Tutty avait raconté un petit mensonge. Personne ne s'en était rendu compte. Maxi non plus? Inka la regarda. Maxi lui fit un clin d'œil malicieux.

– On n'en parle plus, n'est-ce pas?

Inka comprit que Maxi en savait plus sur cette histoire que les autres. Elle lui rendit son sourire. Puis elle se rendormit.

17. Une famille pour Inka?

Le soleil éclairait la pièce quand Inka se réveilla. Elle se sentait tout à fait bien. Maxi lui apporta une cuvette pleine d'eau et ses affaires de toilette. Quand elle eut terminé, Inka voulut s'habiller.

– Aujourd'hui, tu restes encore au lit, décida Maxi. Tutty va te donner ton petit déjeuner.

Effectivement, Tutty arriva quelques instants plus tard avec un plateau garni d'une grande tasse de chocolat et de petits pains recouverts d'une grosse couche de beurre.

– Tu sais, Inka, tu m'as fait rudement peur. Tout à coup, je ne savais plus où tu étais..., comme si tu étais complètement partie. Un vrai cadavre.

Elles étaient seules dans la pièce. Inka profita de l'occasion pour l'interroger.

– Comment ça s'est passé? C'était grave? Est-ce qu'il va falloir rentrer à Leipzig?

Tutty rayonna :

– Non! Pas du tout! Harald a été obligé de faire son autocritique et la mère Sachs aussi. Parce qu'ils nous avaient perdues et qu'ils ne s'étaient pas rendu compte que tu étais si mal.

Inka se redressa pour lui faire la leçon.

– Tutty, tu sais bien que c'est un mensonge. A la colonie déjà, nous nous étions mises d'accord pour faire un tour dans Berlin. Svetlana aussi était avec nous.

– Oui, et après? On l'a fait, notre tour? On n'a rien vu du tout! Et depuis l'histoire de Susanne, tu es malade, oui ou non? Quant à Svetlana, elle est muette comme la tombe. Sinon elle n'aura jamais plus le droit d'aller à l'étranger.

Inka regarda par la fenêtre sans rien dire. Tutty, énervée, émiettait un petit pain sur le plateau. Enfin, elle n'y tint plus et éclata :

– Nom de Dieu! Tu as vraiment l'âme sensible! Ils vont te manger la laine sur le dos! Construis-toi une carapace. Mais sois tranquille, je ne suis pas aussi mauvaise que ça. J'ai tout raconté en détail à Maxi.

– Et alors? Qu'est-ce qu'elle a dit?

– Elle a réfléchi un long moment, puis elle a dit : « Tutty, tout cela est très grave. Mais nous allons le garder pour nous, à cause d'Inka. Tu es son amie! »

Oui, elle a dit ça : « Tu es son amie! »

– Elle a dit qu'à cause de moi elle ne dirait rien? demanda Inka d'une voix enrouée.

– Oui, dit Tutty. (Puis elle hésita avant d'interroger :) Est-ce que tu..., je suis encore ton amie? Dis-le-moi sincèrement, Inka. Même si ça a mal tourné chez mes parents?

– Mais bien sûr, Tutty.

Une lueur de tristesse traversa le regard de Tutty, déçue qu'Inka eût été incapable d'en dire plus.

Inka repoussa le plateau et s'appuya contre les oreillers. Elle éprouvait un sentiment à la fois merveilleux et agréable : Maxi, à cause d'elle, n'avait rien dit.

Sans faire de bruit, Tutty sortit en emportant le plateau. Inka ne s'était pas rendu compte que Tutty pleurait. Les larmes tombaient dans le chocolat qu'Inka avait laissé. Ces derniers jours, trop de choses avaient changé, et Tutty, tout simplement, ne parvenait pas à dominer la situation. Elle avait honte pour ses parents, qui lui avaient promis quelque chose et qui, une fois de plus, n'avaient pas tenu leur promesse. Dorénavant, elle ne pouvait plus compter que sur Inka. Mais Inka n'avait d'yeux que pour Maxi et Susanne.

C'était bon de rester au lit toute la journée, même si dehors il y avait du soleil. Inka se sentait encore un peu faible, mais sinon elle trouvait que ce qui lui arrivait était magnifique. Maxi entra dans la chambre peu après et s'informa :

– Est-ce que Susanne peut venir te voir, maintenant? Ou bien es-tu encore trop fatiguée?

– Non, je ne suis pas fatiguée, pas du tout!

Inka se redressa dans son lit et attendit que la porte s'ouvre.

Puis Susanne se retrouva devant elle, toute gênée de lui offrir un bouquet de petites roses. Elle jeta un regard suppliant en direction de sa mère. Celle-ci quitta la pièce.

– Assieds-toi, dit Inka en s'adossant un peu plus au mur, afin que Susanne puisse s'installer sur le bord du lit.

Susanne était si embarrassée qu'elle ne put prononcer un mot. Elle tournait

et retournait dans ses mains une petite boîte, jusqu'à ce qu'enfin elle réussisse à dire :
– Tu m'as sauvé la vie. Et à présent, c'est à cause de moi que tu es malade.
– Qu'est-ce que tu racontes ! dit Inka. Si j'avais mis tout de suite un vêtement sec, je n'aurais pas attrapé froid.
– Je sais bien ce qui s'est passé, dit Susanne. Et que Carola n'a pas été punie et que toi...
– Oui, ce n'était vraiment pas juste, répliqua Inka.

Elle se renfonça dans ses oreillers et ajouta, avec un brin d'amertume :
– C'est parce qu'elle fayote. Et que moi je viens du foyer.

Susanne ouvrit des yeux effrayés en voyant qu'Inka se mettait en colère.
– Tu te fais des idées, avec ton foyer. Et moi... je ne veux pas que ça continue. Je... j'aimerais avoir une sœur. Une sœur comme toi.

Des mots venaient d'être prononcés ! Elles ne savaient plus quoi dire. Inka versa quelques larmes. Susanne n'arrêtait pas de tourner et retourner la petite boîte dans ses mains.

– Est-ce que tu veux? demanda-t-elle enfin.
– C'est possible?

Inka en avait le souffle coupé. Elle se moucha et dit :
– J'aimerais bien!

Susanne éclata de rire. Elle était à la fois joyeuse et soulagée.
– Bien sûr que c'est possible! Maxi va faire le nécessaire. Et Papa-Pagaille va régler le problème. Il n'est pas juge pour rien. Et tu viendras avec nous à Berlin.

Inka n'en crut pas ses oreilles.
– Tu vas t'en aller avec Maxi. Et dès demain vous ne penserez plus à moi.

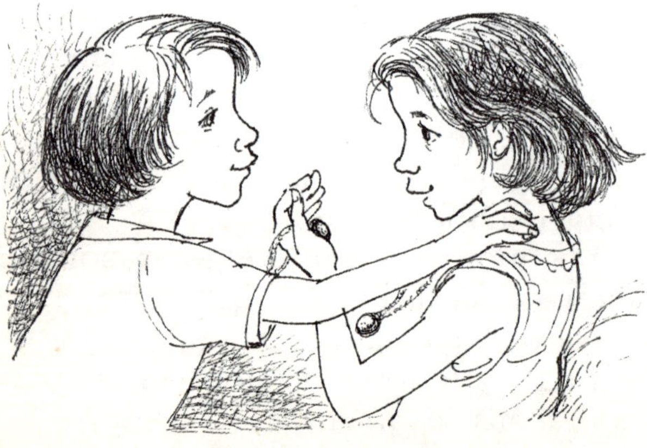

– Non, dit Susanne. Personne ne t'oubliera. Et pour que nous puissions toujours nous souvenir de cette aventure, voici...

Elle put enfin donner la boîte. Inka souleva le couvercle avec précaution. Sur de la ouate rose, il y avait deux chaînettes d'argent avec, au bout de chacune d'elles, un médaillon identique.

– On peut les ouvrir, expliqua Susanne.

Elle en prit un et appuya sur la minuscule fermeture du précieux boîtier. A l'intérieur, il y avait une toute petite photo de Susanne.

– C'est pour toi, dit-elle en mettant la chaîne autour du cou d'Inka. Et celui-ci est pour moi. Maxi y a déjà mis une photo de toi. Tu me l'accroches?

Inka lui passa solennellement la chaînette d'argent autour du cou. Une fois les médaillons fermés, on ne pouvait savoir quel était leur secret. Ils étaient ronds et ornés d'une gravure. Inka était ravie. Et elle le fut encore plus quand elle eut appris tout le mal que Maxi s'était donné pour les dénicher. Puis l'on fit des projets. Inka faillit sortir de son lit, mais elle trouva que c'était merveilleux de se laisser ainsi dorloter.

– D'abord, à Leipzig, tu habiteras chez nous jusqu'à la fin des vacances, dit Susanne. Maxi en a déjà parlé avec Papa-Pagaille. Il a dit que c'était bien que tu sois avec nous; comme ça, le soir, je ne serai pas tout le temps seule. Tu vas voir, Inka, ça va vite venir. Après, nous serons constamment ensemble. Comme des sœurs.

– Comme des sœurs, répéta Inka à voix basse.

Elle était heureuse. Une chose, cependant, la rendait triste.

– Mais après, je ne pourrai plus aller à l'école de sport!

Susanne la consola.

– Qui sait s'ils t'auraient acceptée! Il y a tellement de candidats dans toute la RDA. Ils ont peut-être suffisamment de nageuses. D'ailleurs, à Berlin, tu pourras t'entraîner autant que tu le voudras. Il y a des piscines couvertes extraordinaires. Papa-Pagaille va s'arranger pour que tu entres dans un club sportif.

« Eh oui, pensa Inka. On ne peut pas tout avoir. C'était déjà très chouette d'être tous les jours avec Maxi et Susanne. »

– Oui! s'écria-t-elle enfin. C'était mon plus cher désir : avoir un vrai chez-moi.

– Et une sœur! renchérit Susanne.

Susanne était heureuse. Elle lui sauta au cou.

Ni l'une ni l'autre n'avaient remarqué que Tutty, du seuil de la porte, avait tout entendu, puis qu'elle avait doucement refermé la porte en pinçant les lèvres.

Elles ne cessèrent de faire gaiement des projets qu'après que Maxi eut chassé Susanne de la chambre. Maxi descendit un peu les persiennes et intervint énergiquement pour qu'Inka se repose.

– Ce que je veux, c'est te retrouver le plus vite possible en bonne santé! dit-elle.

Rien sur terre n'aurait pu faire plus plaisir à Inka que cette phrase.

Le lendemain, elle eut la permission de retourner au Trou des souris en vacances. Tutty était assise sur son lit, les yeux fermés. Inka lui demanda ce qui se passait.

– Laisse-moi tranquille, grogna Tutty. Maintenant, j'en ai assez de toute cette histoire !

En prononçant ces mots, elle jeta un regard furibond sur le médaillon, dont elle avait déjà découvert la réplique au cou de Susanne.

Inka n'avait pas envie de se bagarrer. Elle fit celle qui ne s'était pas rendu compte que Tutty était en colère. Au contraire, elle s'occupa gentiment d'elle.

Un peu plus tard, une grand déception l'attendait. Elle n'avait pas le droit de participer à la compétition de natation. Le médecin qui l'avait examinée lui interdit de se baigner avant dix jours. Les belles vacances étaient terminées. Un lac sous les yeux et pas le droit d'y nager ! Quelle déconvenue ! Harald, qui lui accordait à présent un traitement de faveur, lui mit un chronomètre dans la main.

– Tu t'y connais parfaitement. Fais donc l'arbitre.

C'était la première fois qu'elle faisait cela. Elle en fut très fière et oublia sa déconvenue. Mais elle était fâchée de ne pas pouvoir s'entraîner. C'étaient sûrement deux ou trois secondes de fichues. Maxi, auprès de qui elle était venue se plaindre, lui dit simplement :

– Tu ne vas pas encore me faire des ennuis?

– Non, non! protesta Inka.

Pour rien au monde elle n'aurait voulu transgresser l'interdit.

Tutty n'avait pas raté un seul mot. A tout moment, elle singeait Maxi, dès qu'Inka faisait quelque chose qu'elle n'aurait pas dû. Inka en fut si fâchée qu'elle cessa de lui parler.

Lors des préparatifs de la fête d'adieux, Susanne et Svetlana travaillèrent à la cuisine. Elles avaient pour tâche de couper les fruits destinés aux tartes géantes que l'on ferait cuire chez le boulanger du village. Pendant ce temps, Inka et Tutty restaient inactives, et la bagarre entre les deux filles s'amplifia jusqu'au moment où Angelika et Brit s'interposèrent.

– Maintenant, c'est assez! dit Angelika. Vous n'allez pas rapporter votre chamaillerie à Leipzig, dans le Trou des souris. Dépêchez-vous de vous serrer la main!

– De toute façon, elle revient pas avec nous... Elle a mieux! grogna Tutty.

Puis, tout à coup, Tutty baissa le ton. Elle s'était calmée et était même prête à faire la paix. Inka était tellement heureuse que Tutty ait fait les premiers pas qu'elle ne chercha pas à comprendre les raisons de ce revirement soudain. En revanche, Tutty était très mal à l'aise à l'idée qu'Inka puisse lui poser des questions. En effet, Tutty avait percé le secret d'Inka. Elle avait lu son journal, elle avait aussi lu la lettre, et Inka ne le lui pardonnerait jamais.

Elle n'avait pas eu de mal à trouver la clef; Inka l'avait mise dans son anorak depuis qu'elle portait le médaillon de Susanne autour du cou. Elle savait également où était caché le journal. Ce n'est pas pour rien qu'elle dormait au-dessous d'Inka. Elle avait commencé par se demander si elle avait le droit d'agir comme elle le faisait. Mais l'inquiétude née à propos d'Inka et de toute l'affaire de Berlin l'avait emporté. « S'il y a un endroit où elle parle franchement de tout cela, c'est bien dans son journal », pensa Tutty. Elle guetta le moment où l'on ne pourrait pas la surprendre. Ce ne fut pas difficile, car les réunions, au cours desquelles on préparait le concours de natation, durèrent longtemps.

Mais ce que Tutty apprit au cours de sa lecture était trop lourd pour elle. Elle avait pourtant dû faire face à bien des choses. En parcourant la longue lettre de la mère d'Inka, elle pleura. Jusqu'à en avoir mal aux yeux. Comme elle aurait aimé avoir des parents tels que ceux-là ! Ils étaient courageux ! Puis elle chercha les passages où Inka mentionnait la sortie à Berlin. Mais elle resta sur sa faim. En revanche, ce qu'elle lut à la fin lui donna le coup de grâce.

Je vais bientôt quitter le foyer. Maxi a dit qu'elle viendrait me chercher pour m'emmener à Berlin. Susanne sera alors ma sœur et le juge mon père. Un vrai père adoptif. Il a déjà plein de décorations, même s'il laisse tout traîner chez lui. Je l'aiderai et lui montrerai comment il faut ranger les choses, quand on est au foyer...

Pas un mot à propos de Tutty, qui était son amie. Uniquement Maxi, Susanne et le juge. Eux, évidemment, ils ne se soûlent pas. Ils amassent les décorations les unes derrière les autres.

Tutty ruminait un plan pour qu'Inka revînt vers elle. Mais sans résultat. Afin de ne pas se trahir, elle se réconcilia donc avec elle, car le secret qu'elle avait découvert la rendait très triste. A présent, elle comprenait également pourquoi Inka s'était trouvée mal à Berlin, devant la porte de Brandebourg. Zut! l'affaire était vraiment mal engagée!

Maxi avait déjà parlé au téléphone avec Mme Nogler, afin qu'Inka puisse passer le reste des vacances chez eux. Il ne restait plus à Inka qu'à aller rechercher les quelques affaires dont elle avait besoin. Il faudrait aussi qu'elle fasse des exercices de maths. Mais cela ne troublait aucunement la joie des jours à venir. La fête d'adieux, l'échange d'adresses avec Svetlana, le retour à Leipzig : Inka en était presque à souhaiter que les dernières heures s'écoulent rapidement.

18. Les beaux projets tombent à l'eau

Les jours qu'elle passa au mois d'août auprès de Maxi et de Susanne lui firent oublier l'objet de sa tristesse. Susanne était une véritable sœur pour elle. Elle partageait avec Inka tout ce qu'elle avait. Inka aida à faire les paquets, car le déménagement était prévu pour la fin du mois. Pourtant, la séparation devait être de courte durée. Elle aussi habiterait bientôt à Berlin.

Un jour, à la piscine en plein air, elle rencontra Johanna. Inka s'assit à côté d'elle, pendant que Susanne continuait à s'exercer.

– Tu es chouette, Johanna, dit Inka.

Johanna lui demanda :
– Tu n'as plus envie de... devenir une championne célèbre?

La question ressemblait à un reproche. Inka rougit, mais elle ne protesta pas.
– A Berlin, j'aurai aussi de bonnes conditions pour m'entraîner.

Elle avait honte d'avoir délaissé l'entraînement, les dernières semaines. La montre lui rappela que Johanna lui avait fait confiance.
– Est-ce que, malgré ça, je peux la garder? interrogea-t-elle.

Johanna prit un ton sérieux :
– Je t'ai fait ce cadeau pour que, dans les bons et les mauvais moments, tu te rappelles où trouver quelqu'un qui te comprenne.

Comme s'il se fût agi d'un signal, Inka lui fit le récit de tout ce qu'elle venait de vivre. Elle évita cependant de parler du secret contenu dans son journal. Il fallait que cette histoire s'arrête une bonne fois. « Avant que je parte pour Berlin, pensa-t-elle, je jetterai mon journal dans la Pleisse et j'en commencerai un autre. Toute cette histoire sera vite oubliée. »

Mais, dès le lendemain, elle devait apprendre qu'il n'était pas possible d'oublier. Ce fut d'ailleurs la plus épouvantable journée qu'elle eût jamais vécue. En quelques instants, elle sombra dans un profond désespoir.

Le juge, le père de Susanne, était rentré le soir de Berlin. Maxi était très heureuse. Elle lui raconta les préparatifs du déménagement et loua le travail d'Inka et de Susanne.

– Elles ont bossé comme des grandes.

Pour Inka, chaque louange de Maxi était comme une caresse. Le juge déclara :

– C'est bien ! Si Inka a aidé, il faut lui faire plaisir.

Puis Inka alla se coucher. Elle se réjouit tellement à l'avance qu'elle n'arriva pas à s'endormir. Depuis longtemps déjà, Susanne dormait profondément quand Inka se leva doucement de la banquette que Maxi avait installée exprès pour elle dans la chambre de Susanne. Comme elle avait soif, elle voulut aller boire quelque chose à la cuisine.

Au moment où elle passait devant la chambre à coucher des parents, sans faire de bruit pour ne réveiller personne, elle entendit prononcer son nom. Sous l'effet de la surprise, elle s'arrêta. La voix de Maxi lui donna l'impression qu'elle pleurait.

– Je ne peux pas dire cela à Inka. Non, pas moi!

– Ce sera moins dur pour elle si c'est toi qui le lui dis, répliqua le juge.

– Je ne peux pas. Après tout, elle a sauvé la vie de Susanne.

– Cela lui vaudra la médaille de sauvetage.

Il y eut un silence. Le cœur d'Inka battait avec violence. Quelle était la chose que Maxi ne pouvait lui dire? Qu'est-ce qui pouvait être si épouvantable qu'on le lui taisait?

Le juge reprit enfin la parole. Sa voix était calme et rassurante :

– Ne le prends donc pas trop au tragique, Maxi. Cette enfant a grandi dans un foyer. Quand elle saura que sa vraie mère se bat pour elle avec tous les moyens possibles, elle ne...

Mais Maxi n'acceptait pas ces mots.

– A mes yeux, ce n'est pas une mère. Elle a laissé son enfant sans défense...

Dans les minutes qui suivirent, Inka ne parvint pas à saisir ce qui se disait. Elle s'appuya contre le mur froid du couloir. Dans sa tête, les pensées tourbillonnaient et lui faisaient tellement mal qu'elle ferma les yeux. « Ils sont au courant! Ils sont au courant de tout! Maintenant, tout est fini! C'est la faute de ma mère. Elle a tout fichu par terre. Je la hais! »

– ... Elle a pris un avocat, poursuivait le juge. Dans la plupart des cas, le regroupement des familles finit par être accepté, même si parfois cela doit durer des années.

– Je connais aussi d'autres cas! lui opposa Maxi. Tu m'as, toi-même, parlé d'adoptions forcées. Si nous nous décidons en faveur d'Inka, toi, avec les relations que tu as...

– Tu n'as pas toute ta raison, Maxi! Tu crois que, pour une enfant qui nous est étrangère et qui, en plus, est la fille de gens qui ont quitté la République, je vais mettre ma carrière en jeu? On me reprocherait continuellement cette relation avec l'Ouest!

Il y eut à nouveau un silence. Le cœur d'Inka se contracta douloureusement. Maxi était de son côté! Mais le père de Susanne avait peur pour sa place.

Tremblante d'excitation, Inka reprit à pas feutrés la direction de son lit. Dans leur chambre, les parents s'étaient tus. Seule Maxi pleurait doucement.

Inka ne put fermer l'œil de la nuit. Sa décision était prise. Elle pensa qu'elle ne devait rien laisser paraître, et faire comme si elle ignorait tout. Maxi était particulièrement gentille avec elle. Néanmoins, cette gentillesse lui faisait mal.

– Mais qu'est-ce que tu as? lui demanda Susanne.

Inka ne lui donna que des réponses évasives. Elle observait avec beaucoup de méfiance, ignorant s'il fallait voir dans la gentillesse de Maxi une preuve d'espoir ou se mettre en colère parce que Maxi lui jouait la comédie.

Deux jours plus tard, Mme Nogler apparut tout à coup. Dès qu'elle eut dit bonjour à Inka, Maxi l'entraîna dans son bureau. Inka pâlit et serra les dents. Elle avait du mal à rester calme.

Susanne s'étonna de la voir rassembler ses affaires.

– Qu'est-ce que tu fais? Il nous reste encore cinq jours avant de partir d'ici!

– On parie qu'il faut que je rentre avec elle au foyer?

Inka essayait de jouer la méchante, pour ne pas pleurer.

– C'est idiot! dit Susanne. Mme Nogler est sûrement venue pour dire qu'une fois installés à Berlin nous devrons revenir te chercher.

Inka s'assit sur son lit et laissa tomber les bras.

– Non! Non, Susanne. Je sais que ça ne se fera pas.

Susanne parut tellement épouvantée qu'Inka l'interrogea :

– Maxi ne t'a vraiment rien dit? Jure-le-moi!

– Je ne comprends rien à toute ton histoire, dit Susanne en se mettant à pleurer. Explique-moi ce qui se passe!

Elle jura de garder le silence, quelles que fussent les circonstances. Même avec Maxi. Alors Inka lui raconta ce qu'elle savait de ses origines et ce que le père de Susanne avait dit à ce sujet.

– Comment as-tu appris tout ça? questionna Susanne, le souffle coupé.

Inka n'avait pas non plus parlé de son journal. Pourquoi? Elle-même l'ignorait.

– Je le sais, mais pas depuis longtemps.

– Est-ce que tu as envie d'aller voir ta mère?

– Non! Non! Je ne veux pas aller à l'Ouest. Qu'est-ce que j'irais faire là-bas? Je n'y connais personne!

– Mais ta mère, peut-être qu'elle t'aime beaucoup?

Inka ne répondit pas. D'ailleurs, qu'aurait-elle pu répondre? Qu'elle aurait ardemment aimé que Maxi fût sa mère? De toute façon, maintenant, tout était fichu.

– A présent, il n'est plus nécessaire non plus que je m'entraîne, dit-elle simplement. A l'école de sport, ils ne me prendront jamais... à cause de toute cette histoire.

Susanne eut un moment d'hésitation. Inka devina qu'elle voulait dire quelque chose. Susanne ouvrit enfin la bouche :

– Je voudrais que, malgré tout, nous soyons comme deux sœurs. Nous l'étions presque devenues. Et sans toi, je me serais noyée dans le lac.

– Oui, dit Inka. J'aurais aimé que nous soyons sœurs.

Elle prit le médaillon contenant la photo de Susanne.

– Je le jure !

En toute hâte, parce qu'elles s'attendaient à ce que la conversation des deux dames s'achève bientôt, elles se mirent d'accord sur le moyen de rester en relation à l'avenir; peut-être était-il encore possible de découvrir une solution. Dans le médaillon de Susanne, elles cachèrent un minuscule morceau de papier avec l'adresse de Margot Siebert :

– Pour le cas où je serais obligée d'aller à l'Ouest.

Maxi, accompagnée de Mme Nogler, les trouva ainsi dans la chambre. Maxi avait le visage tout rouge. Inka aurait juré qu'elle avait pleuré.

A présent, Inka voulait en finir rapidement. Elle s'arma de tout son courage. Personne, en dehors de Susanne, n'aurait pu deviner combien c'était dur.

– Vous êtes venue me chercher, madame Nogler? J'ai tout de suite rangé mes affaires, parce que j'ai deviné que c'était pour cela que vous étiez là.

En disant ces mots, elle fixa sa valise, pour ne pas voir les yeux de Maxi. Elle n'aurait pu la regarder sans pleurer.

– Oui, Inka, dit Mme Nogler. J'ai pensé que pour Mme Kirsten c'était trop, quelques jours avant le déménagement. Certes, elle aurait bien voulu pouvoir te garder, mais si tu es déjà en train de ranger tes affaires...

« Mensonge! Tout cela n'est que mensonge! songea Inka en fourrant son nouveau pyjama dans la valise. Mais ça m'est égal. Vous pouvez continuer à raconter vos histoires. »

Comme elle ne parvenait pas à fermer sa valise, Maxi la repoussa un peu sur le côté et appuya sur les serrures. Puis elle prit Inka dans ses bras et lui dit simplement :

– Ah! Inka!

Susanne l'embrassa aussi.

– Tu es ma sœur! Qu'importe ce qu'il adviendra. Je te le jure : je suis avec toi!

Inka avala sa salive et lui dit à voix basse :

– Il aurait suffi tout bonnement que nous changions une lettre à notre nom : au lieu de Karsten, je me serais appelée Kirsten. Le *a* serait devenu un *i*.

Puis elles se retrouvèrent dehors. Mme Nogler porta la valise jusqu'au tramway. Pendant tout le parcours, Inka ne desserra pas les dents. Une fois au foyer, Mme Nogler l'aida à monter son bagage dans la chambre.

– Je déballerai mes affaires moi-même, insista Inka, soudain étreinte par l'angoisse.

Mme Nogler, sans lâcher la valise, lui répondit :

– Viens me voir dans mon bureau, dans une demi-heure, Ina.

Inka sentit que quelque chose venait de se passer.

Dans le Trou des souris, elle se retrouva seule. Les autres étaient allées se baigner. Inka était heureuse qu'il en fût ainsi : cela lui permettait de réfléchir.

Qu'était-il arrivé ?

Peut-être que sa mère était venue la chercher ? Sa mère !

– Non, je n'irai pas avec elle. Non, je reste ici ! dit Inka à haute voix. Elle a tout fichu par terre. Je veux rester ici. Même si je dois ne plus quitter le foyer.

Elle regarda la montre de Johanna : il était l'heure de se rendre dans le bureau de Mme Nogler. Inka frappa timidement et elle entendit la voix enrouée de la directrice l'invitant à entrer.

Mme Nogler n'était pas seule dans le bureau. Un homme et une femme se tenaient à ses côtés. Inka vit immédiatement qu'ils arboraient tous les deux l'insigne du Parti. Donc personne n'était là pour venir la chercher.

Mais, à cet instant, elle fut prise d'angoisse. Sur le dessus de sa valise ouverte, il y avait son journal. Lui-même ouvert, la lettre et la photo posés à côté.

– Assieds-toi, dit Mme Nogler. Nous avons à te parler.

Inka s'assit sur la première chaise à sa portée. Elle avait l'impression qu'elle n'aurait pas pu demeurer longtemps debout. Les visages des autres personnes dansaient devant ses yeux. Elle ne pouvait les fixer. Tout se mélangeait. Elle avait la tête qui tournait. « Ils sont au courant, pensa-t-elle avec effroi. Ils ont ouvert la serrure de mon journal. D'où savaient-ils… ? »

– Ina, dit la dame, Ina, il est inutile que nous te donnions des explications. Tu as compris. Pourquoi n'as-tu rien dit à Mme Nogler? Tu n'avais pas confiance en elle?

– Si! répondit Inka à voix basse. Mais…

La dame l'empêcha de continuer.

– Tu voulais réfléchir toi-même au problème. C'est ça?

– Oui.

– Ne sois pas fâchée contre nous, même si nous avons lu ton journal. Nous avions peur pour toi. Nous ne voulions pas que tu fasses quelque chose d'irréfléchi, dit la dame avec bienveillance. Mais maintenant nous savons ce que tu penses de toute cette histoire. Nous allons t'aider pour que tu ne sois pas obligée de rejoindre ta mère... de l'autre côté. C'est bien ce que tu veux, n'est-ce pas?

– Oui, dit Inka.

Elle avait très peur, mais elle ne savait ce qu'elle redoutait le plus.

– Je veux aller chez Maxi et à l'école de sport. C'est tout.

– Mais non, ce n'est pas tout. Je t'ai bien dit que nous étions là pour t'aider.

– Et comment?

Son regard erra de l'un à l'autre, puis s'arrêta sur le visage impénétrable de Mme Nogler. La directrice regardait ailleurs. A cet instant, Mme Sachs, l'éducatrice, entra dans le bureau et se plaça devant la fenêtre d'une façon telle qu'Inka ne pouvait voir si elle était de bonne humeur ou en colère.

L'homme tira sa chaise pour se rapprocher d'Inka et lui adressa la parole

gentiment. Mais il y avait dans sa voix quelque chose qui l'effraya.
– Ecoute, Ina, c'est très simple. Il faut prendre les choses dans l'ordre. Tu nous donnes ton journal et la lettre, pour que nous puissions prouver que tu désires rester ici. Il faudra ensuite que ta mère renonce à toi.
– Mon journal?
Inka bondit et se saisit du journal et de la lettre.
– Vous l'avez ouvert! Sans la clef!
L'éclat de rire de l'homme lui fit mal. Non, elle n'avait aucune confiance en lui. Il n'aurait pas ce qu'elle avait écrit.
Mais la femme, sans plus de cérémonie, les lui retira des mains et les mit dans sa serviette.
– Je m'en occupe, dit-elle. Nous te les rendrons quand nous n'en aurons plus besoin.
Elle sortit du bureau en compagnie de l'homme et de Mme Sachs.
– Est-ce que je peux emporter ma valise, maintenant, madame Nogler? demanda Inka.

Mme Nogler s'avança vers elle en disant :

– C'étaient des gens du district.

– Qui a fracturé mon journal? s'informa froidement Inka.

– C'est moi.

Bien que Mme Nogler eût dit cela d'une voix très assurée, Inka sentit qu'elle mentait.

– Pendant que tu étais en colonie, nous avons reçu l'avis comme quoi ta mère avait entrepris des démarches. Il va falloir prendre une décision.

– Vous disiez que mes parents étaient morts.

Inka s'était exprimée à voix basse. Mais Mme Nogler avait compris.

– Mon Dieu, oui, Ina. Comprends-moi donc! Pouvais-je raconter tout cela à une petite fille comme toi? En outre, je suis obligée de respecter le règlement.

Inka referma sa valise et la traîna jusqu'à la porte.

– En échange, je veux aller à l'école de sport... ou chez Maxi!

– A ta place, je ne me ferais pas d'illusions, dit la directrice.

Pendant ce temps, les autres filles

étaient rentrées dans le Trou des souris. Inka eut l'impression qu'elle n'y était plus chez elle. Même Tutty avait changé.

Les derniers jours de vacances, elle erra. Pâle, l'air hagard. Elle refusait de dire quoi que ce soit.

Puis l'école reprit et finit, avec toutes ses exigences, par faire oublier en apparence les événements des vacances.

Inka attendit. L'attente la rendait vraiment malade. Elle n'avait plus personne à qui se confier. Tutty l'évitait. Susanne et Maxi étaient à Berlin. On lui avait enlevé son journal. De nouveau Inka se sentit très seule.

Parfois, quand M. Kallmus parlait de l'ennemi de classe et des impérialistes, Inka avait le sentiment qu'il pensait à sa mère qui était « de l'autre côté ». De nouveau elle se mit à douter et à se méfier.

En revanche, à l'entraînement, elle lutta si durement contre elle-même qu'elle améliora ses résultats.

Et puis il y eut l'expression « relations avec l'Ouest », une expression toute nouvelle pour elle!

Depuis qu'elle y prêtait attention, elle n'arrêtait pas de la rencontrer. A l'entraînement, les plus anciens la prononçaient. Pour rien au monde ils n'eussent voulu entretenir des relations avec une tante ou une grand-mère à l'Ouest, parce que sinon ils n'auraient pas eu le droit de participer à des compétitions dans un pays capitaliste. Ils préféraient faire état de gens de leur famille qui avaient de l'influence à Berlin, à la Confédération gymnique et sportive ou même au Comité central. Inka apprit à dresser l'oreille. Elle apprit également à différencier le discours d'autrui selon qu'il était prononcé devant quelqu'un d'important ou entre quatre yeux. Elle était à la fois déconcertée et troublée. Puis elle se découragea. L'Etat ne dépenserait pas d'argent pour... une sportive qui entretenait des relations avec l'Ouest. Elle n'irait pas non plus chez Maxi, sinon le juge perdrait son emploi.

19. Adieu pour toujours

Un jour de novembre, Mme Nogler la fit venir dans son bureau.

– Demain, tu vas nous quitter, Ina. Tu vas rejoindre ta mère en...

– Quoi? s'écria Inka. Il faut que j'aille de l'autre côté?

– Calme-toi. Tu vas retrouver ta maman.

Mais Inka était incapable de se calmer.

– Les gens du district m'avaient pourtant promis... Ils ont encore mon journal.

Inka se tut. Mme Nogler reprit :

– Ina, jamais tu ne serais allée à l'école de sport. Le règlement...

– Le règlement! Eux aussi étaient au courant?

– Naturellement, dit Mme Nogler, qui regretta aussitôt d'avoir dit la vérité.

– Ils m'ont donc menti! C'est lui qui a fracturé mon journal. Sans façon. Il n'en avait pas le droit : c'est un camarade du Parti.

– Ina! Je t'en prie! intima Mme Nogler d'un ton sévère. Ne dis pas de bêtises. Ta mère n'aurait pas dû t'écrire de pareils mensonges.

– Avant, ce monsieur ne savait pas tout, dit Inka en pleurant.

Elle se sentait trahie de tous les côtés. A qui accorder encore sa confiance?

– Demain, je te conduirai jusqu'à la frontière, reprit Mme Nogler.

– Personne ne m'a demandé mon avis. Pourquoi faut-il que j'exécute ce que d'autres ont décidé à ma place, madame Nogler?

– Il arrive souvent que l'on ne puisse faire ce dont on a envie. C'est comme ça. Mais tu étais bien, ici, n'est-ce pas?

– Oui, admit Inka. Pourtant, à la fin,

j'étais triste à cause de tous les mensonges que l'on m'avait faits. J'ai peur, madame Nogler.

– De quoi as-tu peur, Ina?

– De tout. Et aussi de ma mère. Je ne la connais pas. Là-bas je ne connais absolument personne. M. Kallmus dit que nos ennemis sont à l'Ouest.

– Qu'est-ce que tu racontes! Il y a partout des gens bien et des gens mauvais. Si ta mère ne t'aimait pas, elle ne se serait pas battue comme une lionne pour te ravoir. Elle a pris exprès pour cette affaire un avocat extrêmement cher.

– Et mon journal...?

Mme Nogler haussa les épaules.

– Tu ne le reverras plus.

Quand Tutty apprit ce qui s'était passé, elle pleura à faire pitié.

– C'est ma faute. Tout ça, c'est à cause de moi. Je voulais pas que tu ailles à Berlin..., et à présent tu vas partir à l'Ouest.

Inka fut bouleversée en apprenant, après l'avoir questionnée, que Tutty avait lu son journal et qu'elle en avait parlé à Mme Sachs dans l'espoir d'empêcher Inka d'aller chez Maxi.

– C'était méchant, Tutty. Très méchant !

– Je voulais simplement savoir si tu étais encore mon amie.

Tutty la supplia jusqu'à ce qu'Inka lui pardonne. Mais elle avait mal, très mal.

– Si tu l'avais dit à Mme Nogler, elle, elle n'aurait pas couru en parler au district. Mais Mme Sachs...

– Oui, c'est ma faute, dit Tutty. Mme Nogler n'aurait pas fait ça.

Puis arriva le moment de la « dernière fois » : la dernière fois qu'elle prit le chemin de l'école, la dernière fois qu'elle vit ses amis, la dernière fois qu'elle s'entraîna avant de se rendre chez Johanna.

– Je m'en vais, Johanna. A l'Ouest, dit-elle.

La chambre de Johanna était confortable. Inka était assise sur le canapé. Elle buvait une limonade. Johanna s'assit à côté d'elle.

– C'est si terrible que ça pour toi?

– Oui, dit Inka. J'ai peur.

Elle avoua alors tout ce qu'elle avait sur le cœur, tout ce qu'elle avait vécu les derniers mois. Johanna la laissa parler, puis elle dit :

– C'est l'inconnu qui te fait peur. Tu te défends parce que l'on ne t'a pas demandé ton avis. Mais c'est souvent comme ça, dans l'existence. Maintenant, je peux te dire comment ça s'est passé pour moi. Au début, je ne voulais pas du tout devenir une sportive. Mais on m'en a persuadée. Lorsque j'ai été forcée d'arrêter, on ne m'a pas consultée. Une commission a déclaré tout simplement que c'était fini. Comme on ne pouvait plus rien tirer de moi, on a cessé de dépenser de l'argent. Du jour au lendemain, j'ai dû stopper l'entraînement, au lieu de participer à des compétitions...

– Pourquoi ne m'en as-tu pas parlé plus tôt?

– Parmi une dizaine ou une vingtaine de filles, il y en a peut-être une qui y arrive, et peut-être que tu y serais arrivée.

– Est-ce que tu savais que je n'avais pas le droit d'entrer à l'école de sport? demanda Inka.

– Pas exactement. Je voulais te donner une chance. Mais les responsables sportifs m'ont avertie qu'il ne fallait pas que je continue parce que tu avais de la famille à l'Ouest.

– Ma mère, dit Inka avec amertume. Tout le monde le savait, sauf moi. Pourquoi ne m'a-t-on rien dit? S'il n'y avait pas eu la dame à la lettre, je n'aurais appris tout ça qu'aujourd'hui.

– Quand on est concerné par quelque chose, on est toujours le dernier à en être informé.

Inka n'avait jamais vu son ancien entraîneur aussi amer.

– Je t'écrirai, promit-elle.

Johanna se leva et se dirigea vers la fenêtre. Puis elle se retourna et lui dit doucement :

– Non, Inka. S'il te plaît, ne fais pas cela. Si je veux me rendre plus tard à l'étranger comme entraîneur, il ne faut pas que je me fasse coincer parce que j'ai des relations à l'Ouest... A présent, disons-nous adieu. Pour toujours.

Pourquoi? Mais pourquoi? Inka était déjà depuis longtemps dans la rue qu'elle se posait encore la question. « Est-ce que j'aurais changé, uniquement parce que je suis obligée maintenant d'aller de l'autre côté? Quelle différence y a-t-il entre ici et là-bas? M. Kallmus dit que nos ennemis vivent là-bas. Mme Nogler dit qu'il y a aussi de l'autre côté des gens gentils. Faut-il que j'aie peur de tout le monde? Si j'écris à quelqu'un que j'aime, il va avoir des ennuis, pensa-t-elle tristement. Je n'ai plus d'amie. Ni Maxi, ni Susanne, parce que le juge perdrait sa place. Ni Johanna, parce qu'elle ne pourrait plus être entraîneur. Peut-être même que Mme Nogler ne voudra plus de moi non plus et qu'elle ne transmettra pas mes lettres à Tutty. Je n'ai plus personne. Plus personne au monde. »

Inka erra dans des rues qu'elle connaissait sans rien voir des choses qui l'entouraient. Elle n'essuyait même pas les larmes qui lui coulaient sur les joues.

Le soir encore, elle écrivit une lettre à Maxi. Mais il lui sembla qu'elle n'avait plus de rapport avec les mots sur le papier. Elle remit la lettre à Tutty pour qu'elle la mette à la boîte.

– Je n'ai confiance qu'en toi, dit-elle. Les gens qui lisent le journal intime des autres...

Elle se tut : Tutty avait soudain les larmes aux yeux.

– Et moi, tu me fais confiance? demanda-t-elle dans un sanglot. Moi qui...

– Oui. Parce que tu m'aimes.

– Je m'arrangerai pour t'écrire, dit

Tutty afin de la consoler. Maman m'aidera.

Inka regarda le sommet du marronnier. Les feuilles d'automne étaient tombées, à l'exception de quelques-unes qui étaient restées accrochées aux branches. Les marrons luisants avaient été depuis longtemps ramassés. A nouveau, avant Noël, Mme Nogler fabriquerait de jolis petits cadeaux avec les enfants du foyer. Les problèmes d'Inka avaient commencé quand le marronnier portait ses chandelles blanches. Cette année n'avait rien eu de commun avec les précédentes. Inka avait fait connaissance avec l'amour et l'amitié, mais aussi avec le mensonge et les déceptions. Et la solitude.

La mécanique de son monde s'était déréglée. Inka ne s'y retrouvait pas encore dans les nouvelles règles. M. Kallmus lui avait enseigné que l'ennemi de classe habitait à l'Ouest. Cependant que sa mère lui écrivait : « Nous allons vers la liberté. » Qu'est-ce que la liberté ?

Et pourquoi les gardes-frontières tirent-ils sur des hommes qui n'ont rien fait ?

Pour la première fois, Inka doutait de ce qu'elle avait appris. Chacun ne prêchait-il que pour son saint ? De qui apprenait-on la vérité ? D'une mère qu'elle ne connaissait pas ?

Pour la première fois, Inka pensa à ce qui allait maintenant se passer. Comment serait la nouvelle école, de l'autre côté, chez sa mère ? *De l'autre côté*. Un autre monde. Un monde dont elle ignorait tout et qu'il fallait haïr. Pourquoi l'envoyait-on là-bas ?

Lorsque, pour la dernière fois, elle se retrouva dans son lit, elle se mit à trembler en pensant à tout ce qui allait être nouveau pour elle. A commencer par les affaires dans sa valise jusqu'à ce qui l'attendait le lendemain.

Elle entendit Tutty qui pleurait au-dessous d'elle. Les dernières heures, elles avaient à peine parlé ensemble. Angelika et Brit n'avaient pas cessé de discuter, si bien qu'Inka avait été heureuse que la lumière s'éteigne. Comme Tutty n'arrêtait pas de pleurer, Inka sortit de son lit et se glissa sous la couverture, auprès de son amie.

– Je me demande s'ils t'auraient aussi emmenée si je n'avais pas..., l'histoire du journal...

– Oui, dit Inka, ils m'emmènent, et personne ne m'a demandé mon avis..., comme si j'étais un objet.

– Je continue à être ton amie, dit Tutty. Mais je ne veux plus rester ici. Je veux retourner chez maman.

Elles finirent par s'endormir, mais d'un sommeil agité, peuplé de rêves désordonnés.

Le lendemain, Inka partit pour toujours. Dans une Wartburg du district, elles traversèrent le centre ville, passèrent devant la poste et la gare. Au nord de la ville, la femme qui lui avait pris la lettre et le journal monta dans la voiture et dit :

– Madame Nogler, ce n'est pas la peine que vous nous accompagniez.

– Je vais avec vous, dit Mme Nogler d'une voix décidée, en tenant la main d'Inka dans la sienne.

Elles prirent l'autoroute jusqu'à Eisenach, puis la direction de la frontière. Inka ne disait pas un mot. Elle était malade comme un chien. Mais elle se forçait à ne pas pleurer. Elle ne voulait pas montrer à la dame du district combien elle était triste.

A la frontière, on les conduisit vers un baraquement. Dans la pièce où on les fit attendre, personne ne parla. Inka avait peur. Au bout d'une demi-heure, la dame du district revint avec un officier de l'armée.

– Dis au revoir. Mme Nogler n'a pas le droit d'aller plus loin.

La directrice prit Inka dans ses bras :

– Bonne chance, ma fille.

Puis Inka partit sur la chaussée goudronnée, entre la dame et un garde-frontière. Baraquements. Grillages. Hauts murs de terre garnis de plantes, derrière lesquels on ne pouvait rien voir.

C'était cela les barbelés?

La chaussée se mit à vaciller sous ses pas. Inka eut peur de tomber. Elle ne regarda rien d'autre que ses pieds.

Deux hommes vinrent à leur rencontre. L'un en uniforme, l'autre en civil. Ils saluèrent sans tendre la main. Inka ne comprit pas de quoi ils parlaient. Elle avait peur. C'était tout. Peur de cette chaussée goudronnée et du haut grillage. Elle était à la *frontière.*

Des voitures roulaient. Dans un sens et dans l'autre.

Où était à présent ce côté-ci de la frontière? Où était l'autre?

Les deux étrangers la prirent en charge au milieu de la zone frontalière. L'homme en civil porta sa valise. Inka les suivit sans se retourner.

A nouveau la chaussée, le goudron. Tout devint flou. Inka s'agrippa à la manche de l'homme qui portait sa valise.

– Allez, avance! dit celui-ci en tendant la main devant lui.

Inka marchait d'un pas mal assuré sur la route qui traversait la frontière entre l'Allemagne et l'Allemagne. Elle se sentait immensément seule. Elle avait quitté un pays, elle ne faisait pas encore partie de l'autre. En cet instant, qui lui sembla infini, elle n'appartenait à personne.

La chaussée se mit à vaciller sous elle. Inka distinguait vaguement une femme au milieu de la route.

Elle n'avait pas les cheveux longs et châtains, contrairement à la dame qu'elle avait vue en songe. Elle ne tendait pas les bras pour la prendre. Pourtant Inka éprouva, en marchant vers elle, les mêmes sensations que lorsqu'elle avait rêvé qu'elle était sur la balançoire. Soudain elle sentit le désir monter en elle :

– Maman, prends-moi !

Table des matières

Cet
ouvrage,
le deux cent
trente-deuxième
de la collection
CASTOR POCHE,
a été achevé d'imprimer
sur les presses de l'imprimerie
G. Canale & C. S.p.A.
Borgaro T.se - Turin
en juillet
1995

Dépôt légal : novembre 1988.
N° d'Édition : 18193. Imprimé en Italie.
ISBN : 2-08-161950-4
ISSN :1147-3533
Loi n° 49-956 du 16 juillet 1949
sur les publications destinées à la jeunesse